JN099147

司法書士試験

社会人の 時短 合格術 50

司法書士
LEC東京リーガルマインド講師
福島崇弘 著

中央経済社

は じ め に

　働きながら司法書士試験に合格するのは無理だと思い込んでいませんか。学生時代から成績が悪いから合格できないと諦めていませんか。

　私もずっとそう思っていました。司法書士事務所に勤務していて，上司や周りに司法書士になりたいと相談しても，「一生懸命頑張ればできる」「時間がないなら眠たいのを我慢して勉強すればよい」という精神論ばかり。勉強方法はまったくわかりませんでした。

　仕方なく自己流で勉強しました。大学受験はしたものの，本気で勉強するのはこれが初めてで，日々「ああでもない，こうでもない」と試行錯誤。それでも，何とか自分なりの勉強方法を見出し，朝から深夜遅くまで働きながら合格を果たしました。

　先輩から，「そんな方法で合格できるの？」「深夜１時からの勉強⁉ 非常識な勉強方法じゃない？」と心配されたこともあります。しかし，**たとえ非常識であっても，環境に順応して勉強する**しかないと考え，信じて継続しました。その方法が間違っていなかったと自信が持てたのは，合格できたときです。

　今，受験指導に関わっていますが，「司法書士試験は働きながら合格できない」「司法書士に短期で合格なんて無理」「自分なんかでは合格できない」と言う人は多いです。

　本書は，「受験する前から諦めるな」「正しく勉強すれば働きながら合格できる」のメッセージと，その**正しく勉強すれば**の具体的内容について伝えたく，執筆しました。

　司法書士は，正しく努力すれば**凡人でも合格できる最高位の法律資格**だと思います。ただ，勉強方法について何も考えずに試験対策をスタートさせるのは，地図なしで険しい山を登るようなものです。

　本書では，私が試行錯誤の末ようやく掴んだ正しい勉強方法について明らかにしています。受験生が余計な回り道をせずに済むよう，「時短合格」をナビゲートするつもりで書きました。

　試験合格後，さまざまな資格の講師業をし，受験生に接し，悩み相談を受けてきました。「間違った方向に進む分岐点はどこか」「つまずくポイントはどこか」わかってきたことを執筆に活かしています。

　また，受験生の役に立ちたいと「福ちゃんのキラチアナイト」というラジオ番組のDJとして情報を発信しています。その番組内で人気講師陣にインタビューして感じたことなどのエッセンスも盛り込んだつもりです。

　第8章では，これから実務の世界に入るという方に向けて，司法書士の仕事と将来性について書きました。

　元々補助者として勤務したので，実務自体は13年以上になります。合格後，司法書士法人の共同経営を経て，個人事務所を立ち上げて 1 年以上。独立開業して思うのは，「この仕事，実務はやはり楽しい！」ということ。個人事務所だと，好きなように自分で仕事ができ，人の役に立って報酬を貰えるというのは醍醐味かと思います。

　読者の皆様の合格を心から願うとともに，実務の世界でお会いできるのを楽しみにしております。

　2021年　3月

司法書士　**福島　崇弘**

Contents

第7章　科目別の正しい対策法 —————— 83

第8章　未来像がモチベーションを高める —————— 133

第1章

司法書士試験に挑戦する前に

知っておきたいこと

合格率３％の狭き門のカラクリ

　司法書士試験は難しいと言われます。どこが難しいのか。まずは挑む敵を知らなければなりません。ここでは，司法書士の資格と試験の概要について説明します。

司法書士とは

　司法書士とは，他人から依頼を受けて，裁判所や検察庁，法務局に提出する書類を作成したり，登記手続について本人を代理したりします。

　また，一定の司法書士（法務大臣の認定司法書士）は，簡易裁判所が管轄する民事事件の代理を行います。

　ざっくりいうと，不動産の名義変更をしたり，裁判所に提出する書類の作成を代行したり，一定の場合，簡易訴訟代理をしたりします。

　司法書士になるためには，試験に合格する必要があります。

　司法書士試験は，**年齢，性別，学歴等に関係なく誰でも受験できます。**司法試験と異なり，大学院を卒業してなくても受験できますし，大学の卒業要件や単位要件もありません。中卒や高卒の合格者もいます。

　例年４月から５月にかけて，願書の配布があり，５月中旬から下旬にかけて，受験地を管轄する法務局または地方法務局の総務課に願書を郵送または持参します。

最大難関は筆記試験

　例年７月の第１または第２日曜日に筆記試験が実施されます。筆記試験

の合格基準は，午前の部（5択マークシート），午後の部（5択マークシートと記述式）のそれぞれに定められた一定の点数（基準点）を満たし，かつ総合点である合格点を超えることが必要となります。

　択一式の基準点は毎年変わり，試験後に公表されます。

午前の部	
試験時間	9:30〜11:30
試験形式	択一式（マークシート）
試験科目	憲法（3問）／民法（20問）／刑法（3問）／会社法・商法（9問） 合計35問（105点満点）

午後の部		
試験時間	13:00〜16:00	
試験形式	択一式（マークシート）／記述式	
試験科目	択一式	不動産登記法（16問）／商業登記法（8問）／民事訴訟法（5問）／民事執行法（1問）／民事保全法（1問）／供託法（3問）／司法書士法（1問） 合計35問（105点満点）
	記述式	不動産登記法書式（1問）／商業登記法書式（1問） 合計2問　（70点満点）

■筆記試験合格発表と口述試験

　筆記試験の合格発表は9月末から10月頃です。受験地の法務局・地方法務局で掲示されるほか，法務省のホームページにも掲載されます。合格者には合格通知が届きます。

　口述試験の試験科目は不動産登記法／商業登記法／司法書士法（司法書士の業務を行うに必要な一般常識）で，1人あたり15分程度です。

　最終合格発表は11月頃になります。

■筆記試験の合格率は3％前後

最大の難関は，筆記試験です。合格点を超え，かつ，午前択一，午後択一，午後記述それぞれの基準点を超えなければなりません。つまり，**苦手を作らず，すべてバランスよく得点する必要**があります。

例年，**合格率は3％前後**です。口述式の合格率は100％に近いですから，すべては筆記試験によるところとなります。ただ，上位3％に入ろうとやっきになる必要はありません。過去問から導出した，やるべき勉強を積み重ねた人が合格できる試験です。決して「頭の良さ決定戦」のようなものではないからです。やるべき勉強の方向性を誤らなければ誰でも合格できるのです。

福ちゃんのワンポイント

バランス感覚がマスト

司法書士試験の合格率の低さは，試験範囲の広さと，苦手があってはいけないという厳格さに起因していると思います。基準点をクリアしつつ，合格点をとらなければいけません。筆記試験までに，本気で実力をつけなければならないのです。ちなみに，口述試験はほとんど合格できますので筆記試験対策に注力しましょう。

短期合格に犠牲はつきもの

■ 短期合格者とベテラン受験生の差

　司法書士試験は，合格率３％の超難関試験です。一発合格者もいれば，いわゆるベテラン受験生もいます。

　この差は何でしょうか。

　講師として日々受験生に接していて感じるのは，両者の差は，「○○のせい」にしない**自己責任の感覚**ではないかと思います（ほかにも後述するように勉強方法の差もあるのですが）。

　「仕事が忙しくて勉強できなかったせい」「専門学校の授業があまりよくなかったせい」「テキストが使いづらかったせい」等々，「○○のせい」にして，専門学校やテキストを頻繁に変えて，いわゆる「渡り鳥」になっている受験生を見ます。講師より予備校事情に詳しいくらいです。

　一方で，一発合格者や短期合格者は，言い訳せずに合格を信じて突き進みます。**すべては自己責任**と考えているのです。

■ 合格のための犠牲は覚悟する

　そもそも，司法書士試験を受験すると決めたのは自分です。途中で辞めても，それは自己責任です。

　受験環境が良かろうと悪かろうと，腹を括って覚悟を決めて勉強するしかありません。

　私も，某司法書士法人で働きながらの受験でした。**当時はいわゆる「過払いバブル」**で，勤務時間は朝の９時から深夜の１時頃までの激務。１人暮らしなので家事もありました。

　元々司法書士法人に就職したのは，学生時代からこの資格に興味があったからでしたが，大学まで行かせてもらって，親に甘えたくなく，働きながらの勉強でした。

　受験環境はなかなか厳しいものではありましたが，それを理由にして不合格になれば，いつまでも補助者として終わってしまうという危機感もありました。

　仕事への影響を考えて夜型でしたが，何とか勉強時間を捻出しました。深夜1時半から4時半まで毎日勉強するのは，とてもハードでしたが，慣れてしまえば，気にならなくなりました。寝る時間（仮眠を除く）を平日も休日も一定にするようにしていました。

　「どれだけ愚痴ったところで環境が変わることはない」と諦め，自分自身をこの勉強環境に適応させました。

　後から思えば，若かったから3時間睡眠で体力が持ったとも言えますが，（元々ショートスリーパーでもあります）この環境下で結果を出せたことで自信がつきました。

　とにかく，合格したいのであれば，**どんな環境でも「やるしかない」**のです。初志貫徹は自分自身にかかっています。

　睡眠時間はもとより，友達や会社の同僚との付き合いは断りましたし，若くてやりたいことはたくさんありましたが，合格するまでは仕方ないと割り切りました。

　講師をしていて思うのは，合格する受験生は**合格を手にするために「何かを諦める」覚悟**があるということです。お酒，スマホ，ゲーム，テレビなど逃げ場はたくさんありますが，それらを断っています。あれもしたい，これもしたい，という気持ちはわかりますし，「人生1度きりだから楽しみたい」というのもわかります。ただ，合格したいのであれば何かは必ず犠牲にしなくてはなりません。それだけ厳しい試験であることは覚悟してください。

■1日のスケジュール■

	6	7	8	9	10	11	12	13	14	15	16	17	18	19	20	21	22	23	24	1	2	3	4	5
平日	睡眠		朝食・準備	出勤	仕事											食事	仕事		帰宅	勉強				シャワー
土日	睡眠		朝食・準備	勉強		仮眠	勉強		仮眠	勉強		食事	仮眠	風呂	勉強		仮眠	勉強		シャワー	自由時間			睡眠

起床

🧑‍🏫 📻 福ちゃんのワンポイント

今はあえて5時間寝るようにしている

　元々ショートスリーパーで，大学時代も睡眠は3時間くらいで足りる体質でした。20代だったこともありますので，無理をしないスケジュールで勉強してください。無理をすると長続きしないからです。

　今でもショートスリーパーですが，30代になり，また，独立開業して「体を壊すとクライアントや生徒など，様々な方面に迷惑をかけてしまう」という意識から，あえて5時間寝るようにしています。目が覚めてしまうこともしばしばありますが。

勉強計画ははじめに作る

■最初に決めることが重要

合格するのに大事なことは，はじめに勉強計画を作り，実行することです。

- 何を（教材）？
- どれだけ（全体のノルマ）？
- いつまでに（時期）？

現在から本試験までの勉強時間を逆算します。その上で，月毎，日毎の**やり切る教材**を決めます。この計画がないのは，ルートを決めずに山登りをするようなものです。途中で遭難しかねません。

また，机の前に座るたびに「次に何の勉強をしようかな」と考えるのは時間の無駄です。決めておけば，すぐに勉強にとりかかれます。また，予定と進捗をすり合わせることで「今は順調だな」「勉強が遅れているな」とペースをつかむことができます。

■「何を（教材）？」の決め方

まずは，「何を（教材）」から考えます。使うテキスト，過去問，記述問題集，模試）を決めましょう。

【使用教材】　※カッコ内は私のおすすめです。
- テキスト（松本雅典著『司法書士試験リアリスティック』シリーズ（辰已法律研究所））
- 過去問（『司法書士合格ゾーン』シリーズ（LEC））

● 記述オリジナル問題集　（『司法書士試験書式ベーシック』シリーズ
（LEC）と竹下貴浩著『司法書士択一・記述ブリッジ実戦編』シリーズ（早
稲田経営出版））
● 模試（大手予備校 3 社のもの）
● 六法

　教材は，自分の目で見て確かめてください。決めたら，その教材を信じ
ぬきます。浮気してはいけません。
　各予備校や出版社があの手この手で受験生を誘いますが，よほど余裕が
あり，やることがなくなった等の事情がない限りは，買い足しません。

　予備校でよく受ける相談が，「受験勉強が進むにつれ，自分がちゃんと
成長しているか，合格に近づいているか不安」というものです。
　模試の成績が悪かったり，講義の内容でわからない部分があったりすれ
ば，不安になるのは当然です。
　そんな時にふと近所の本屋さんに寄れば，魅力的な帯がついた書籍が
売っています。つい「この本を読めば成績が上がるかもしれない」と手に
取ってレジに向かってしまいます。
　これは，出版社にとってはよいかもしれませんが，受験生としてはダメ
な行動です。なぜなら，**余分な教材を購入し，自分のノルマを増やしてし
まっている**からです。

どんな教材も３回以上やる

■「どれだけ（全体のノルマ）？」の決め方

さて，「どれだけ」ですが，司法書士試験に合格するためには，どんな教材も３回転は最低回数です。

私は，目標を次のように立てました。

- テキストは３回以上
- 過去問は３回〜10回（科目別過去問をやってから年度別過去問にトライする）
- 記述オリジナル問題集は３回〜10回
- 模試は３回

１回目は，予備校の講義を受講しても，「何となくわかった気がする」程度。講義がどんなに素晴らしくても，それだけで定着する受験生は滅多にいません。知識はふんわりとしか頭に入りません。

２回目でも思い出すには時間もかかります。３回目を終えたあたりからようやく定着し，思い出せるようになるレベルです。**３回は最低回数**なのです。

■「どのように？」の決め方

私は次のような順序でやりました。

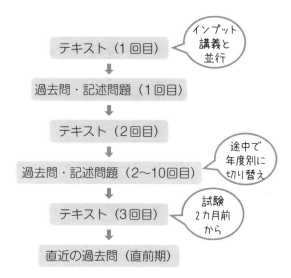

福ちゃんのワンポイント

初志貫徹

　司法書士試験のテキストや過去問は，ちょっと引くぐらい膨大です。科目も沢山あります。

　これに教材を加えても，本来やるべきテキスト・過去問が疎かになり，消化不良になるだけです。

　ですから，最初にしっかりと「やり切る教材」を決めて実行するのです。浮気はダメ，ゼッタイ。

　直前期になれば，「次は何を勉強すればよいのかわからない」「勉強が手につかない」となります。その時に迷わなくてよいように，最初にすべてを決めておくのです。

予備校のコースは戦略的に選ぶ

■勉強開始は思い立ったが吉日！

「どのコースを受講すればよいですか」悩みますね。ただ，1つ言えるのは，予備校のコースに勉強の開始日を合わせる必要はないということです。最近の講座は1年中稼働しているものもあるため，受講開始のタイミングはわかりづらいですが，勉強開始日は「司法書士になりたいと思った日」です。

コースが始まるまで待とうなどと思っていると，既に試験へのカウントダウンが始まっているのにもったいないです。せっかくのやる気も失速してしまいかねません。1月に決心して，開講が3月の場合，せめて，モチベーションを下げないように本を読むとか，入門本をひととおり読んでおくなどをしておきましょう。**勉強に慣れておく必要**があります。

■短期コースを受講するメリット

予備校を利用する場合，多くは15カ月合格コースとして学習から2年目の本試験を合格目標に置いています。例えば2021年1月現在に「司法書士になりたい！」「勉強を始めよう！」と思った場合，2通りのコース選択が可能です。

①2021年7月の本試験を目標としたコース
②2022年7月の本試験を目標としたコース

　もし，大きな改正がある年でなければ，①にするのも 1 つの選択肢です。なぜなら，既に終了している講座を一気に聴いてキャッチアップしていけるからです。

　そこまで一気に詰め込む時間の余裕がないという場合は，②が賢明です。どちらにせよ，予備校や他人の言う通りにするのではなく，自分のスケジュールや都合と照らし合わせて，十分に考えてきめましょう。

■ 1 年先の受験クラスを選ぶ場合

　たとえば2021年 3 月に開講した場合，インプット講義が終わるのは2022年 2 月末頃と約 1 年かかります。この時期が 1 番辛く，挫折する人が多いのです。 1 つずつ丁寧に処理でき，ゆっくり確実に進んでいけますが，やることが盛沢山です。なかなかすべての科目のインプット講義が終わらないので，アウトプットの時間があまり取れないといった難点もあります。

2021年 3 月〜 2022年 2 月 （インプット講義期）	【やるべきこと】過去問を並行して解く×3 回+記述の問題　など ポイントは次回の講義までに頑張って過去問などの宿題を 3 回こなすことです。後に回せばモチベーションも下がる，内容も思い出せない，次回の講義についていけないの三拍子で困るので，ここで何とか頑張ってください。理解ができていなくてもとにかく問題を 3 回解きます。また，記述問題に関しても基礎問題集など（ベーシック書式など）を 3 回こなしてください。 おそらく受験時代で 1 番辛いのはここの部分です。
2022年 3 月〜 2022年 6 月 （答練，模試などアウトプット期）	【やるべきこと】年度別過去問，模試，記述問題，テキスト等の復習など

■今年受験クラスを選ぶ場合

　私は，①の短期合格コースのパターンを選択しました。大きな改正の当たり年でなければ，あえてこちらを選択してもよいかもしれません。

　なぜなら，インプット講義はとにかく早く終わらせた方がよいからです。

2021年1月〜 2021年6月 （インプット講義期）	【やるべきこと】本編だけの受講として，計130コマ計算の講義を聞く。 土・日は2コマずつの計4コマ，月から水までに1コマ，木，金で1コマの計2コマ，1週間で計6コマ進めることができます。とにかく早く終わらせるために，聴きまくること，そうすると頭のどこかにかすかに残っている状態にでき，問題に進み，少し解いていくうちに思い出せると思います。
2021年7月〜 2021年12月 （アウトプット開始期）	【やるべきこと】過去問（各3回ずつ）＋　土日は記述は各科目1問ずつ 民法と不動産登記法は後述のとおり（P.39）集中できる時間に解き，他の科目は民法，不動産登記法を解けるような集中力がない場合に解きます。 この際に，テキストなどに戻らずにずっと問題を解き進めるようにします。 また○×△と仕訳をし，2回目以降の問題を減らします。
2022年1月〜 2022年2月 （テキスト読み2周目）	【やるべきこと】書き込みと再読 過去問の間違いや気になった箇所をテキストへ書き込みしながら再読します（憲法・刑法以外　1回ずつ）。 眺めるようなイメージでいいでしょう。
2022年3月〜 2022年4月 （過去問（全科目））	【やるべきこと】全科目の過去問 過去問は年度別で2回以上を解きます。記述も含めて，とにかく解けるだけ解きます。

2022年 4 月〜 2022年 4 月 （アウトプット中期）	【やるべきこと】土日祝日は模試，平日は過去問（全科目） 模試については，大手 2 〜 3 社のものを受けるとよいでしょう。
2022年 6 月〜 2022年 6 月末 （アウトプット完成期）	【やるべきこと】テキスト読み 3 周目　＋　土日は年度別過去問（直近 3 年のもの） 平日はテキストの読み直しと土日は午前中に年度別過去問又は模試の復習・午後はテキスト読み直しをします。
2022年 7 月 （試験前日）	【やるべきこと】午前中に直近の年度別過去問 あとは気になる箇所があれば最終調整として勉強します。

福ちゃんのワンポイント

とにかくアウトプット優先！

　自動車学校の例で言うと，短期集中合宿タイプのスケジュールです。

　私は 3 回目で合格しました。反省点として，インプット講義後の過去問がどんどん後ろ倒しになり，試験に間に合わなかったことがあります。ちなみに合格年度は（インプット講義の部分は除き）上記のようにこなせました。

1番つらいのがインプット期

途方に暮れたインプット量

　司法書士試験は本当に範囲が広いです。インプット講義を聴く（独学の方は1回目のテキストを読む）だけで，相当な時間を要します。

　インプット期で諦めてしまう受講生も多くいらっしゃいます。講師として「もったいない」「残念だな」と思いますが，膨大なインプット量に途方に暮れて心が折れてしまう気持ちもよくわかります。受験時代，私もこの時期が1番つらかったからです。

　特に，朝から夜遅い時間まで仕事をして，疲れ切って帰った後のインプットは地獄でした。わかりやすい講義でも集中できず，「もう寝たい」「今日はやりたくない」となりました。

　コーヒーに炭酸を入れて飲んだり，濡れタオルで顔を拭きまくったりしましたが，効果はイマイチでした。

授業の聞き方を工夫する（攻める勉強）

　どんなわかりやすいテキストや講義でも，ただ読んだり，聞いていたりすると眠くなってしまいます。

　受け身ではなく，**能動的になれるように工夫**しましょう。講師の言ったことをそのままメモするだけでも，ライン引くだけでもよいので，とにかく色々考えながら手を動かします。「今講師が言ったことは大事だな」「これとこれを比較したらどうなるかな」など，自分のオリジナルテキストを作るイメージでいると，少し楽しくなります。

■勉強を習慣に組み込む

　勉強は，「1日だけ頑張ったら終了」というわけではありません。本試験日まで継続しなければなりません。

　しかし，初学者のうちは，慣れない法律の勉強に戸惑うことも多く，疲れてしまって集中が続かないのです。

　たとえるなら，**試験勉強というものは筋トレと同じようなもの**です。最初にする時は，「何でこんなシンドイことをしないといけないのか」と思い，次の日にまた筋トレをする時も同じように感じるでしょう。しかし，それが慣れてくると，当初のつらさは忘れ，いつしか毎日するのが当たり前になってきます。

　勉強も同じです。

　1日頑張って，次の日もつらいけど頑張って，それを何度か繰り返すことで，毎日勉強することが当たり前の習慣になってきます。1度習慣がついてしまえば，やることが当たり前で，あまり疲れなくなります。むしろ，やらない方が気持ち悪くて落ち着かないと感じます。

　そうなれば自分の成長しているのが実感できますし，楽しくなってきます。楽しくなってくればくるほど，夢中になれますし，集中できます。

　その状況に到達するまで，どれだけ忙しい日があったとしても，たとえ10問でも1ページでもよいので必ず勉強するようにしてください。**早く勉強習慣をつけるためには，毎日休まずに勉強を継続することが大切**だからです。

😀📻 福ちゃんのワンポイント

勉強することに慣れる

　慣れないことをすると疲れます。しかも，法律の勉強はとっつきにくいです。最初のうちは「耐える時期」。そのことを知っておくだけで気が楽になりませんか？　あなたがとりたてて勉強嫌いなわけではなく，皆つらいのです。

07 とにかく先に進もう

■また戻ってくることを意識する

　前述の通り，授業を受けるときには，知識の習得以外にも自分のオリジナルテキストを作るという意識で手を動かしましょう。そうすると，繰り返し読んだ時の効果が断然違います。

　たとえば，「ここは読まなくてよいと言われた」ことを知っていればメリハリをつけて読めますし，「似ている個所などを該当箇所に記載する」作業をしておけば，知識のつながりを作れます。私も色マーカーやペンでポイントをたくさん書き込みました。

とにかく手を動かして書き込みをします。

■勉強が進んではじめて理解できることもある

　また，オンラインや通信で授業を受ける方は，**最後まで終わらせること
に集中**してください。少し聞き逃したりしても，リピートするよりは，先
に進めてしまいましょう。

　テキストを読み進める場合も同様です。**1回で完全に理解するのは無
理**です。どちらにしても，何回か読み直すので，1回目ですべてを理解す
ることができなくてもいいと割り切ります。

　それよりも，わからない箇所で止まってしまい，試験日までに最後まで
読めなかったということが1番よくありませんし，逆に進むことによって
はじめて理解できる知識も出てきます。

福ちゃんのワンポイント

レジュメの使い方

　よく予備校等でレジュメが配布されますが，テキストに一元化しま
しょう。自分自身で考えてまとめるからこそ，苦労してまとめた知識
だからこそ，より記憶に残るものだからです。人が作ったものは，い
かにきれいでも頭に入ってきません。

08 実務視点を持つ

実務と乖離する試験も多いが……

司法書士試験は，実務に直結した資格試験です。私は宅建士・行政書士・中小企業診断士などの受験指導をしています。また，FPやビジネス法務実務検定，簿記などさまざまな資格も持っています。私が知る中で，**勉強したことが実務に活きる，使える**ことが多いという点において司法書士はトップクラスなのでは……と思っています。

絶対に後からも役に立つ勉強，と思って挑みましょう。モチベーションが高まるとともに，実務ではどう使うんだろう……と想像を膨らませながら勉強すると，制度設計の趣旨などの理解も深まります。

第7章では，各法律と実務とのかかわりについてピックアップしています。ぜひ，将来自分が実務で活躍することを想像しながら勉強してみてください。

実務視点を持つことの重要さ

そもそも，司法書士試験は，実務家としてやっていける素養があるかを問う試験です。本試験の記述の採点基準は明らかにされませんが，「実務家として致命傷なことをしていないか」という視点だと予想されます。

その意味で，「これは実務でどうなのか」を考えることは，特に記述においては不可欠です。

■専業か兼業かという問題

　実務を想像しやすいという面では，兼業することにメリットがあります。午後の部については，司法書士事務所での補助者経験があるほうが理解しやすいでしょう。特に，手続法などは，文書だけだと理解しにくいので，実務の中で緊張感を持って体験するのに勝ることはありません。ただ，その分勉強時間をとることができません。

　私自身は，働きながら勉強することで，メンタル的にもよかったと思います。専業のプレッシャーは大きいと予想されるからです。また，いくら時間があったとしても，自分の集中できる時間は限られているとわかっていたからです。

　どちらがよいかは，人によるとしか言えません。経済事情や家庭事情にもよるでしょう。

勉強したことが
実務に活きる資格

宅建士からステップアップする方へ

■宅建業法や法令上の制限の分野と相性がよい

結論から先になりますが，宅建から司法書士へのステップアップやダブルライセンスはおススメです。予備校の回し者ではなく，ちゃんと理由があります。

予備校は，「宅建士試験と司法書士試験は科目が被っている部分があり受験に有利」とアピールします。確かに間違いではないですが，その部分がそこまで優位性をもたらすかというといささか疑問です。

民法はともかく，不動産登記法，区分所有法や登録免許税法は司法書士試験でも問われる箇所です。ただ，宅建士試験はそもそも宅建業法と法令上の制限といった分野で高得点を取り，民法などの権利関係は他の受験生と差をつかないようにするといった守りの科目です。加えて，不動産登記法や登録免許税法に関しては宅建士試験では深く触らない分野です。つまり，多少とっかかりやすいように思えるくらいのものです。

それよりも，実は**宅建業法や法令上の制限の分野と司法書士試験の相性がよい**ことに注目すべきです。

宅建業法の免許欠格事由（こういった人は宅建業の免許をもらうことはできませんよ！　といった規定）は，司法書士法の登録欠格事由の考え方と似ている部分があり比較して読んでみると理解しやすいです。

■将来の実務で必要な知識が多い

将来実務につくことを考えると，法令上の制限に関しては，不動産登記に至るまでの手続の流れを理解するために非常に役立ちます。

　この国は，自分の所有している土地であったとしても，好き勝手に建築したり，売却したりすることができるわけではありません。様々な規制をかけられているのです。これが法令上の規制というものです。

　たとえば，自分の持っている土地が農地であるような場合には，自分の所有物でも好きに売却することはできません。

　農地を潰しても問題ないかの許可を取得してからでないと取引し登記名義を移すことはできないのです。

　これはほんの一例ですが，その他にも山林や工場用地のような広い土地を売却する際に必要となる国土利用計画法の事後届出など，宅建士試験の法令上の制限の知識は司法書士業務を行う上で知っておくと必ず役に立つ分野の法律です。合格後も見据えると非常に相性がよいと思います。

　また，宅建の税金分野では不動産取得税（買った時などに買主が払う税金）や譲渡所得税（自分が買った時よりも高い値段で売れて儲かった時にかかる税金）などを学べ，不動産取引によってどのような税金が発生するかといったこともイメージできます。

福ちゃんのワンポイント

宅建士のやる気を司法書士に！

　実際に私の周りや受講生には，宅建士試験合格後に司法書士試験を目指し合格された方が多くいます。最近難化しつつある宅建士に合格した勢いでそのまま突っ走りましょう！

行政書士とのWライセンスを狙う方へ

■基本的な考え方ができてるから合格に近い

　行政書士試験は宅建士試験と異なり，憲法，民法，会社法・商法の分野で司法書士と被るため行政書士試験合格者は宅建試験合格者よりも学習はしやすいでしょう。

　午前問に関しては，憲法に関してはそこまで差はないと思いますが，民法（物権や親族，相続あたり）と会社法については，行政書士試験では深く学ばないので（個人的には行政書士試験での会社法は得点源にしたほうがよいと思うのですが）司法書士試験においてはかなり細かく学習する必要があります。

　しかし，基本的な考え方は行政書士試験で押さえているはずなので，学習はしやすいと思います。

■午後問と記述を後回しにしない

　しかし，注意したいのは学習しやすい午前問だけをやり続けてしまう傾向にあることです。他にも午後問と記述がありますので，それらの分野を後回しにしないように気をつけましょう。

■取得の順番

　行政書士を未取得の場合で，ダブルライセンスを狙う場合，取得の順番はどうすべきでしょうか。

　さて，よく「行政書士と司法書士のダブルライセンスがおススメ。行政

書士試験合格したら次は司法書士！」と言われますが，実は両方短期で取得したいのであれば逆の方が効率がよいかも……と経験上思います（私は行政書士→司法書士です）。

　理由としては，司法書士試験が 7 月にあり，その後は燃え尽き症候群により中々勉強が手につかなくなります。その時に他資格の勉強をするとあれや意外と集中して勉強でき，11 月の行政書士試験がちょうどよいのです。

　また，会社法に関しては行政書士試験においては講義の回数も少なく苦手としている受験生が多いですが，司法書士試験は会社法の講義回数も多く，商業登記法で会社法の知識の使い方を学ぶこともできるのでイメージが湧きやすくなるため，会社法を得意科目にできます。

　私の周囲の短期ダブル合格者は，司法書士試験後に行政書士試験を受験していた方が多いです。

福ちゃんのワンポイント

実務上のダブル資格のメリットは大きい

　実務では，前述の宅建士試験との関係のなかでお話しした農地法の許可申請や国土利用計画法の事後届出をはじめとする不動産登記と行政手続や宗教法人などの許認可と法人登記などの関係のように一連の流れの手続となることが多々あります。全体の流れの把握やお客様からの窓口を 1 つに絞りご負担を減らすことができるなどのメリットがあります。

第 2 章

短期合格者だけが
知っている真実

テキストだけでは合格できない

知識はあるのに合格できない受験生

1回で司法書士試験に合格する人もいれば，十数回という人もいます。十数回でも合格できない受験生もいます。

この差は何でしょうか。精神論を言えば，前述の通り「○○のせい」にして，勉強に打ちこめていないというのはあるのかもしれません。もう1つ，勉強方法として，テキスト（知識）と問題集（経験）の割合があります。

実は，**テキストばかり読んでいる受験生は合格まで時間がかかると思います。**

教える立場にいると，「もの凄く頭がよい！ よくそんなことまで知っているなあ」と感心するような受験生に出会うことがあります。ですが，そのような受験生が，いざ本試験や模試になるとなかなか点数が伸びてこなかったりするのです。

不思議なことに，知識があるのに問題が解けないのです。多くの受験生は，「知識がないから問題が解けないんだ」と真面目に反省します。でも，それは違うのです。

では，何故問題が解けないのか？
それは，**問題に慣れていない（経験不足）**だからです。

たとえば，野球のバットの振り方やフォームなどを野球の教科書（知識）でしっかり読み込めば，ホームランを打てるようになるのかというと違いますよね。最初に教科書（知識）で少しフォームを習うかもしれませんが，その後はひたすら実践を経て（経験して）ようやく打てるようになってい

きます。

　試験問題も一緒です。「知識」だけではなく「経験」を伴ってようやく問題が解けます。

　つまり，多くの知識がある受験生はそれで素晴らしいのですが，合格という観点からすると，テキストや条文読みが中心となっていて，問題集のやりこみ（経験）が疎かになっている傾向があります。

　試験問題は，知識だけでは，「どの部分がひっかけどころか」「試験官がこの問題の中で聞きたいことは何か」がわかりません。これらを見抜く力は問題集を多く解くことでしか身につかないのです。

　問題文を深読みしすぎて間違えてしまいがちな受験生は，「過去にどのような知識が聞かれたか」「ひっかけどころになるポイントの文章はどれか」といったものが経験不足で見抜けていない可能性が高いです。

■テキストと問題集の比率は３対７

　テキストと問題集の割合は，３対７くらいでしょう。

　誤ってしまった問題の知識をその都度しっかりと六法やテキストで読み込むのは重要ですが，**解く回数を減らさないことが先決です。**

テキストは過去問でサンドイッチする

　さて，勉強計画を立てる際には，以下のような順序がおすすめと前述しました。詳しく解説していきます。

テキスト（1回目）→過去問・記述問題（1回目）→テキスト（2回目）→過去問・記述問題（2回目〜10回目）→模試→テキスト（3回目）→直前期に直近の過去問

テキスト（1回目）

　予備校のインプット講義を受けながらテキストを進めます。ここで重要なのは，とにかく早く終わらせることです。わからないところがあっても先に進めます。

過去問・記述問題（1回目）

　テキスト1周を待たずに，都度過去問，記述問題に取り掛かります。インプットした知識は覚えたと思っていても，それを使わなければすぐに忘れてしまうからです。

　頭に残っているうちに問題を解くことで，実際の問われ方もわかりますし，知識も定着します。

　不動産登記法，商業登記法については，択一過去問だと断片的な知識になってしまい一連の流れを理解しにくいです。まずは記述問題からやりましょう。記述問題で大枠をつかみ，細かなところを択一過去問で補充します。

　記述問題は，後に回せば回すほど，知識が抜けていき，解くのが嫌になります。早めに取り掛かりましょう。

■テキスト（2回目）

　過去問や記述問題などの問題集を解いているので，テキストの重要箇所がわかります。間違えた問題の箇所であれば，「次は間違えないぞ」と身が入ります。

　テキストはマーカーや付箋でどんどん汚していきます。

■過去問・記述問題（2回〜10回）

　一通りインプットを終えれば，あとはひたすら直前期まで択一過去問と記述問題を繰り返します。

　記述については，**毎日1問は解く**ようにします。

　択一過去問は，最初1回〜3回は科目別の過去問集がいいですが，**4回目以降からは年度別過去問**（例えば平成30年度の過去問など）をおすすめします。

■模試

　初見の問題にも慣れておかなければなりません。大手予備校3社ほどの公開模試を受けましょう。

　できなくても大丈夫です。**時間配分などのシミュレーション**が目的です。

　司法書士試験は，時間不足が原因で不合格となることが多いので（特に午後の記述式問題の基準点を下回るケースが多い），この作業が重要なのです。

　模試の内容も，テキストに書き足し情報を一元化させます。点数で一喜

一憂する必要はありません。**直前の１カ月でも点数は伸びる**からです。

　模試は本試験よりも少し難しく感じることが多いかと思います。講師になってからわかりましたが，意図的にそのように作られていることもあるようです。失点を防ぐためのテクニックや時間が足りない時に削っていい箇所と削れない箇所を見極めることなどを本試験前に確認できるチャンスです。模試でくじけてはいけません。

最後のテキスト読み

　本試験日が近づいてきたら誰でも右往左往します。そのようなときは冷静にテキストを読み返します。本試験で内容が思い出せる，忘れないだろう時期に３回目のテキスト読み，総復習をします。

　テキストの中には，**過去問や模試で書き足したキーワードなど**が記されているので，総ざらいできます。

直前１週間は直近の過去問を解く

　直前１週間は何をやったらよいのか途方に暮れます。直近３年分ほどの年度別の過去問を解きます。最後のテキストの仕上げでしばらく問題を解いていないので，再び問題を解く感覚を確かめます。これは，最後の調整です。

　私は前日には，前年度の過去問を解きました。すべての科目をバランスよく復習できます。

🗣📻 福ちゃんのワンポイント

解く回数を減らさない

　司法書士試験にあたっては，テキストや六法は大事です。ただ，最初の段階から丁寧に引いていると，回転数が減ってしまいます。下記のパターンAとB,どちらが望ましいでしょうか。

パターンA

問題集 ➡ テキスト・六法 ➡ 問題集 ➡ テキスト・六法 ➡ 問題集 ➡ テキスト・六法

　このパターンAでは，計3回テキスト・六法を読み込んでいますが，本試験までに期間が空いている場合など取り掛かる時期によっては本試験時に忘れてしまっていることがあります。また，このテキスト・六法を間に入れることで3回解けるはずの問題集が2回しか解けない恐れもあります。おすすめはテキスト・六法を後回しにすることです。

パターンB

問題集 ➡ 問題集 ➡ 問題集 ➡ テキスト・六法

　上記のようなスケジュールにすると，テキスト・六法の回数が1回になりますが，直前期にやれば忘れないうちに本試験に挑めます。
　問題集は解く回数（経験）を3回解くことを重視することで，経験が増して結果として短期でも合格できる実力がつくのです。

早めに記述に手をつける

■甘く見ると泣きを見る記述

　司法書士試験で合否の分水嶺となるのが記述です。

　「択一で上乗せして，記述は基準点を突破して逃げ切る」という指導をする講師もいますが，私は逆の考えで記述で上乗せするくらいの勢いでいくべきです。

　そもそも，記述は基準点をクリアすればよいくらいの甘い気持ちでいると泣きを見ます。

　最大の課題は，「時間」。書ききれずに基準点落ちとなる受験生が多いのです。

　記述は，択一以上に解法を身につけることが必要です。時間切れになるのは，問題演習不足が原因です。**早期に記述に取り掛かり多くの問題を解くべきです。** 記述問題に取り掛かる時期が遅いことは，イコール大切な分野を後回しにしていることと同義です。合格まで時間がかかります。

■記述で知識がつながる

　わかっていてもなかなか記述が後回しになりがちです。それは，できなくてつらいからです。トライしても，「択一過去問で充分力がついてから記述を解こう」「今のレベルでやっても知識が……記述はもう少し後にしよう」という気持ちになります。

　しかし，**後回しはダメ**です。わからない状態でも考えてみます。

　なかなか書き始められませんが，それはそれで止まっていたら勉強が先に進まないので解答を見てしまいます。

　解答を見たら，書き写しながら，解き方を強引に身体に叩き込みます。記述問題も頭で考えるより**手を動かすことが大切**です。回数が多いほど書く速度は上がります。

■記述問題で知識の点が線になる

　記述は，必ず択一の勉強にもつながります。

　私は司法書士事務所の補助者をしていたので，実際の体験からイメージしやすかったですが，不動産登記の総論や商業登記の印鑑証明書の問題は，テキスト，条文だけではイメージをつかむことが難しいです。記述をやることで理解を深めることができます。

　また，登記法は，択一対策だけでは知識がバラバラになりがちです。ここで記述を解き始めると登記申請書を目的から添付書類，登録免許税までとすべて書きますので，**バラバラの知識が体系化**されます。登記の全体の流れがつかめるのです。

■書式例は暗記しなくてもよい

　「記述問題に必要となる登記申請書の書式例はすべて暗記しましたか」という質問をよく受けます。これについては，暗記しようとはしていません。

　書式例をただ眺めて覚えるよりも，基本問題を解いてその中で身につけていくほうが頭に入るからです。

　また，書式例を忘れても，「法務局の登記官に，どのような登記を記載してもらいたいのか」を意識すればある程度登記申請書は書けます。

　登記官が，「この役員を退任させたい」や「この登記を抹消したい」と

いうことがわかれば大丈夫です。たとえば「仮処分による失効による抹消」などの少し難しい用語が浮かばなかったとしても何かしらの記載をすることはできるのです。

実は午前より午後対策が大事

　多くの受験生の苦手な午後問題。基準点割れしなければいいやと思っていると痛い目にあいます。

　午後問題は，時間配分が需要です。択一については，1問1〜2分，長くても合計70分と考えます。記述については，不動産登記法50分，商業登記法50分くらいが目安です。

　択一で予定時間を過ぎるような悩む問題があったら，その時点で「自分の中ではこれが正しいと思う」選択肢にマークして次に進みましょう。

　とりあえず割り切って進まないと記述問題にたどりつけません。

　択一の速度を上げるには，ひたすら素早く知識を出す練習，問題演習をするしかありません。

勉強時間は量より質

■集中しているかどうか

　働きながらの多くの受験生が抱える悩みが，勉強時間です。圧倒的に時間が足りない，試験日までに間に合わない，と焦ります。

　でも，時間あれば合格ができるわけではないのです。

　本当に必要なのは，**集中して勉強できる**時間です。

　１日丸々休みがあった時に，「思ったより何もできなかった」「ボーっとして勉強があまり進まなかった」という経験はありませんか。

　逆に平日の帰りが遅い日に「時間がなかったのにこんなに勉強できた」と思ったことはありませんか。

　専業受験で合格された方も１日のうち集中できるのは６時間くらいだといっていました。

　１日10時間勉強時間を確保できたとしても，集中している時間が１時間であればあまり意味がありません。

　働いていて少ない勉強時間しか確保できない方でも，丸々集中することができれば勉強時間が多い受験生に勝てます。**勉強時間は，量より質が大事**なのです。

■集中できる時間の作り方

　では，どうすれば集中して勉強できる時間を増やせるのでしょうか。

　まずは，何時間勉強するかという時間ではなく，どこまで教材を進めるかというノルマで考えることです。

　「今日は家に帰ってから５時間勉強します」と宣言して帰宅する受験生

がいますが，私は「具体的に何の教材を勉強するのか。何ページ進めるのか」と質問することにしています。

　時間を決めたとしても，何をやるかが決まってなければ，結局，帰宅後も何をしよう……と迷ってしまったり，「今日は問題集をやろうと思ったけど，やっぱりテキストかな……」とコロコロ変えてしまったりで，ほとんど進まなかった……となりがちだからです。

　「今日は帰宅したら会社法の過去問を100問やる」のような**具体的なノルマ**がよいのです。

　明確にやるべきこと（その日のゴール）がわかれば，迷わず集中できます。

場所を工夫する

　集中できる時間を作るには，**勉強に集中できる場所の確保**も重要です。

　自宅やカフェ，自習室など場所の問題もあるのでしょうが，今時1番の問題はスマホです。「スマホをつい触ってしまって集中できません」という相談は多いです。

　答えは簡単です。勉強する場所から物理的に離れた場所（自宅なら別部屋，自習室やカフェなら鞄にしまう）に置いておきましょう。私もゲーム機を押し入れの奥底にしまい，パソコンの電源を落としていました。人は誘惑に弱いのです。**物理的に自分から遠ざけてしまうのが1番です。**

⑮ 科目ごとのベストタイムがある

■自分の生活サイクルを見直す

　さて，勉強時間は，量よりも質と前述しました。加えて，勉強する時間帯と相性のよい科目をやることもポイントです。

　司法書士試験の科目には科目ごとに**集中しやすい相性のよい時間帯**，ベストタイムが存在します。

　普段苦手で気の進まない科目でも集中して進めることができたり，眠たくて勉強なんてできないと思っていた時間が使えたりします。

　初学者のうちは，インプット講義を聴いたりテキストを読んだりするのであまり関係ないのですが，**アウトプットに入ったら科目ごとに勉強する時間帯を決めます**。その際には，自分の1日の生活サイクルを見直すとよいでしょう。

　私の場合，民法・不動産登記法・記述（不動産登記法・商業登記法）とそれ以外に分けました。

　簡単に言うと前者の科目は，勉強するのに図を書いたりするため時間がかかり，疲れやすい科目です。頭が冴えている時間帯（帰宅直後，夕食前・起床後顔を洗った後すぐ）を充てるようにしていました。

　後者の「それ以外」とした科目は，知識的な問題が多いので時間もかからない疲れにくい科目です。平日疲れた時や集中ができない時，昼食後の眠たい時などにあてます。民法や記述問題で集中力が切れた時に，切り替えてやったりもしました。

⓰ 情報を一元化する

■ノートは取るな！レジュメは書き写せ！

他の資格試験でも言われますが，難関試験で**情報の一元化はマスト**です。「知っているよ」という受験生も多いと思いますが，その方法は迷いがちです。「ノートは取ったほうがよいですか」「レジュメはどうしますか」と聞かれますが，情報が分散するのでおすすめしません。分散すると，いちいち「どこに書いたかな」と探さなくてはならず，面倒です。

■書き込みのすすめ

私は過去問中心の学習で，直前期までほとんどテキストは読みませんでした。ただ，過去問で気になった箇所や知識などの書き込みの作業はこまめにしていました。

たとえば択一式の過去問を間違えたら，解説で気になった箇所（キーワードなど）についてマーカーなどを引き，さらにテキストの該当箇所にその部分を書き足して情報を一元化します。

> 問題 他人の代理人として契約をした者は，自己の代理権を証明することができず，かつ，本人の追認を得ることができなかったときは，相手方の選択に従い，相手方に対して履行及び損害賠償の責任を負う。○か×か。
>
> 解答 × 他人の代理人として契約をした者は，自己の代理権を証

> 明することができず，かつ，本人の追認を得ることができなかったときは，相手方の選択に従い，相手方に対して履行『又は』損害賠償の責任を負う（民117条）。
>
> ↑↑
> これがキーワード!!
> **履行と損害賠償の請求は選択的である（『及び』ではなく『又は』）**

　ひっかけのキーワードや解説で気づいた部分など，大切だと思ったところを抜粋してテキストに書き写します。

　短いメモ書きでも，テキストの該当箇所に書いてあれば，おそらく自分が解いた問題の内容を反芻できます。

　本試験直前に1回テキストを読み返す際には，独自の教材が出来上がっているでしょう。

■独自の教材を直前期に見直す

　最終的に私は，テキストに記載のある参照過去問番号やページすら検索するのが面倒になってしまい，「△△とズバリ何が違うのか」「○○ページでは△△となっていることと比較」と書いてその場で解決できるようにしました。

　テキストに今までの勉強してきたすべての知識が集約され，「ここまでやりこんだテキストを直前期に読んだのだから本試験では忘れないだろう，それでも解けない時は，他の受験生も解けないだろう」と自信にもつながり気持ちも安定しました。

長い休みは意外に勉強できない

　夏休みやGWなどの長期休暇は，あれもこれもと詰め込んで予定を立てがちですが，1日に集中できる時間は大体決まっているので，あまり期待しすぎないようにしましょう。

　「これで挽回！」と詰め込むと不完全燃焼でモヤモヤが残ります。まずは普段と同じ勉強をキチンとこなし，余裕があれば追加ものを進めていくような感覚で考えておきましょう。

第 3 章

択一の正しい対策法

わからなくて当然，解こうとしない

■問題を解くリズムを止めない

　過去問や模試を解いていると，必ず難しい問題に遭遇します。「こんな知識習ったことがない，講義で触れてもないぞ！」「全然わからない……」心の叫びがあるかと思いますが，無視しましょう。

　決して立ち止まらないことです。わからなかったら，すぐに解答を見ればよいだけです。

　わからないからといって**ストップ**するのは時間の無駄です。

　解ける問題が続けば気分もよく，またリズム（流れ）に乗ってくるので非常に集中して勉強できます。

　しかし，そこで難しい問題に遭遇して立ち止まってしまうと集中力が途切れます。リズムを止めないように，数分ほど考えてわからなければ，すぐに×を打ち，解答を確認して次に進めます。

　キチンと基礎が出来てくれば，流れを止める問題は少なくなります。3周目，4周目でも止めてくるのは，完全放置でもいいような重要度の低いものでしょう。

　このことは本試験でも同じです。

　立ち止まってしまうと時間が足りなくなるのはもちろんですが，何より集中力が切れてしまう恐れがあります。とにかく立ち止まらないことを意識してください。

過去問をリズミカルに解く

■解き方を体で覚える

問題集をやる目的は，アウトプットを通してのインプットですが，もう１つ重要なものがあります。

解き方を身につけることです。問題集をやり続け，作業として解き方を強制的に体に覚えさせます。とにかく実践あるのみです。

■解く作業のポイント

解く作業にもポイントがあります。問題文を読んだら，その**ひっかけどころに下線を引く**ことです。

問題 A所有の甲建物をAから賃借したBがAの承諾を得て甲建物をCに転貸した場合，AB間で甲建物の賃貸借契約を<u>合意解除</u>しても，<u>甲建物の転貸借に関するCの権利は消滅しない。</u>

 ひっかけ!!

解答 ○ 賃借人が適法に賃借物を転貸した場合には，賃貸人は，賃借人との間の賃貸借を<u>合意により解除したことをもって転借人に対抗することができない。</u>ただし，その解除の当時，賃貸人が賃借人の<u>債務不履行による解除権を有していたときは，この限りでない。</u>（民613条３項）（本問は解除の原因を見る問題）

この下線だけでも，次解いたときに「この下線の部分ってどんなひっかけどころだったかな」と意識します。すると知識が引き出しやすくなります。問題文全体を漠然と見ているだけではなく，その一部に集中でき，スピードアップもできます。

司法書士試験は，問題を解く速さが合否を分けます（特に午後の試験）。より多く問題集を解いて速度を上げていかなければなりません。

1問ずつ丁寧にテキストや条文をチェックしていくよりも，問題の解説欄に以下のように書き込みなどをして間違えた箇所を確認したらすぐに次の問題へ進むのが効率的です。

問題 成年に達したものとみなされていない未成年者に関する次のアからオまでの記述のうち，誤っているものの組合せは，後記1から5までのうち，どれか。（平成31年第4問）

ア 法定代理人が目的を定めないで処分を許した財産は，未成年者が自由に処分することができる。

> ➡ 法定代理人の同意・営業の許可と同じ（法定代理人賛成の意向）
> →成年後見人と比較

✗ 意思表示の相手方がその意思表示を受けた時に未成年者であったときは，表意者は，その意思表示を取り消すことができる。➡ 主張できる人限定→無効と比較

ウ 未成年者は，後見人になることができない。

エ 未成年者が認知をするには，その法定代理人の同意を要しない。

╳　未成年者であっても，15歳に達していれば，遺言執行者と
　　なることができる。→ **遺言・代諾縁組は15歳以上で可能と比較**

1　アウ　2　アオ　3　イエ　④　イオ　5　ウエ

福ちゃんのワンポイント

問題を多く解く者が試験を制す！

　直前期には，テキストや条文は読み返す機会がありますから，それ
までにより多くの問題を解きましょう。

⑲ 苦手な問題を抽出する

■問題を仕分けする

　当たり前に思えますが、短期合格するには苦手を潰すことがマストです。

　苦手な問題を見つけ出し、ひたすら繰り返し理解するように勉強しなければなりません。

　問題を解く際には、必ず○、×、△といった仕分けをしていきましょう。

- 理由がわかり完全に正解した問題には○
- 理由がわからずに間違えた問題には×
- 理由がわからないが正解した問題や自分が大切だと思った問題には△

　そして、2回目の問題集を解くときには、△と×の問題だけを解くようにします。

　○の問題は一切解きませんので、○を付けるときは厳格に判断します。1回目で理由つきで完璧に正解するような問題は本試験でも解けます。△と×は、苦手な問題ですから、何度も間違えることがありますが2回、3回と間違えなくなるまで解きましょう。もう間違わない自信がついたら○にします。

　「司法書士試験の過去問を10回も解いてください」というと途方もなく感じられるかもしれませんが、1回目が100%とすると、2回目は80%、3回目は60%といったようにどんどん解くべき問題は減ります。

㉜ ひっかけどころをつかむ

■ 過去問の目的は「ひっかけどころ」を知ること

　過去問が大切なことはすべての試験共通ですが，司法書士試験においてはそれが顕著です。

　「過去問を解くときに書き込みをすると 2 回目以降に書き込みが気になるのでしません」という受験生がいますが，ナンセンスです。確かに，前回の書き込みがあると気になるのはわかりますが，過去問は実力を測るために解くものではないからです。

　過去問をやる目的は以下の 2 つです。

- インプットした知識の使い方を確認すること
- 問題のひっかけどころを意識すること

■ 過去問に書き込みをしよう

　あくまでも過去問はインプットした知識を強化するためのツールなのです。気になる箇所や間違えた箇所などはどんどん書き込みしましょう。

　具体的には，解説欄へどんどん書き込みしていきます。

> **問題** 遺留分権利者は，相続の開始前に，遺留分の放棄をすること
> はできない。○か×か。
>
> **解答** ×　相続開始前における遺留分の放棄は，家庭裁判所の許可を受
> けたときに限り，その効力を生じる（民1043条1項）。
>
> （ひっかけどころ）　遺留分の放棄は相続開始『前』でもできる
>
> （比較）　相続放棄は相続開始『後』にしかできない時効の利益の放棄も
> 　時効完成『後』しかできない

　上の問題で覚える知識は，相続開始前でも遺留分の放棄ができることで
すが，それで終わらせるのはもったいないです。下部のメモのように比較
の知識を書き込みましょう。

　この問題解説欄に記載した情報は，直前期にテキストにまとめて一元化
します。このように書き込むことで，1つの問題で確認できる知識が3つ
に増えます。1問解くだけで，3問分になるのです。このように，解説欄
に書き込みをしていき，インプット教材に仕立て上げましょう。

■オリジナル過去問加工で出題者の気持ちを知る

　よく「出題者の意図を考えろ」といわれます。これは現実的にどうすれ
ばよいでしょうか。開発したのが，自分で過去問を加工してオリジナル問
題を作ってみる方法です。

> **問題** 相続人が，自己のために相続の開始があったことを知った時
> から3カ月（家庭裁判所が期間の伸長をした場合は当該期間）
> 以内に，限定承認又は放棄をしなかったときは，単純承認を
> したものとみなされる。○か×か。

解答　○（民915条1項）

　このような肢があったとして，どうなっていたら×になるかを考えてみます。×の肢を作ってみます。

> ↗×相続の開始した時から
>
> **問題**　相続人が，自己のために相続の開始があったことを知った時から3カ月（家庭裁判所が期間の伸長をした場合は当該期間）以内に，限定承認又は放棄をしなかったときは，単純承認をしたものとみなされる。○か×か。

　出題者は，数字よりも，いつから3カ月以内なのかという起算点を聞こうとしています。上のように問題を加工してみることで，起算点というポイントに注意が向きます。

🎐📻 福ちゃんのワンポイント

出題者の気持ちになってみよう

　問題文の正しい肢を誤りに作り変えてみることで，ひっかけどころに注目できます。このような作業をしてみることで，出題者の気持ちもわかるようになってきます。問題によって受験生のどのような知識を試したいのでしょうか。問題集を解くときはぜひやってみてください。

年度別過去問に切り替える

科目数が多い試験でバランスよく勉強するには

　実際に過去問を解いていると，1つ不安なことが出てきます。それは司法書士試験の科目数が多すぎて，今やっている科目以外を忘れてしまうのではないか，ということです。

　主要4科目については過去問だけでも相当な問題数で，マイナー科目については疎かになりがちですが，司法書士試験には下回ってはいけない基準点があります。

　バランスよく勉強するのに1番よい方法は，**過去問を科目別ではなく「年度別」で解く**ことです。

　当初は科目別の過去問を使用すればよいと思いますが，科目別過去問を3回くらい解いた後については，年度別に切り替えましょう。全科目が掲載されているので，バランスよく知識の確認ができるからです。

オリジナル年度別問題集を作る

　「もう2度と出ないかな？」といった問題や記述問題は，別の問題に差し替え，オリジナルの年度別問題集にしてしまいましょう。

　私は，通常の科目別過去問をバラバラにして，過去10年分以上の年度別過去問を自作しました。

　バランスよく全科目に触れることができますし，本試験と同じ形式なので，時間配分の練習にもなります。

　書店等で販売してなければ私のように自分で教材を作ってみることも1つの方法です。こういう作業は，勉強のやる気が起きない時にやっていました。

福ちゃんのワンポイント

５肢すべてを読む必要はない

　「択一の問題は５肢ともすべて読んで解答できないといけないか」と聞かれますが，テクニックで乗り切れることもあります。

問題　商業登記における登記所への印鑑の提出に関する次のアからオまでの記述のうち，正しいものの組合せは，後記１から５までのうち，どれか。

ア　支配人を選任した商人（小商人及び会社である場合を除く。）が印鑑の提出をする場合には，印鑑届書に押印した印鑑につき市町村長の作成した証明書で作成後３月以内のものを添付しなければならない。

イ　株式会社の本店を他の登記所の管轄区域内に移転した旨の本店移転の登記の申請をする場合における新所在地を管轄する登記所にする印鑑の提出は，旧所在地を管轄する登記所を経由してすることを要しない。

ウ　印鑑の提出は，印鑑届書に代理人の権限を証する書面を添付して，代理人によりすることができる。

エ　外国会社の日本における代表者が外国人である場合には，その日本における代表者は，印鑑の提出に代えて，自己の署名を登記所に届け出なければならない。

オ　オンライン登記申請をする場合には，印鑑届書の提出に代えて，印鑑の印影に係る情報を同時に送信することができる。

　１．アイ　２．アウ　３．イエ　４．ウオ　５．エオ

　２が正解となります。この問題はテクニックで解けます。

　まずはウの選択肢の文章が短いので，読んでみます。基本的な知識で短文のため正誤の判断がしやすいとあたりをつけました。ここで，ウが正しいので，正しい選択肢は，ウの入っている２のアウか４のウオの２択に絞られます。

　つまり，本試験中にイとエの問題については正誤の判断は不要です。

第4章

記述の正しい対策法

22 つらくても1日1問をノルマにする

■どんなに頑張っても1日1問が限界

　記述の問題（不動産登記法・商業登記法）は，1問解くのに時間がかかります。しかも，時間をかけても解ける問題数は少ないので達成感が湧きません。

　そのため，気乗りせず，後に回しがちです。しかし，民法も記述問題（不動産登記法・商業登記法）も完全な主要科目です。逃げることはできません。

　そのような科目を仕事が終わり疲れて帰ってきて，ご飯を食べて少し休んでからやろう，などと一休みしてしまうと，もう無理です。気が抜けてしまう前にやります。私は，平日帰宅後は，ご飯とお風呂の前のノルマとして，休日は，朝起きて洗顔後にすぐ取り組むようにしていました。

　たとえ12時間勉強時間があっても，記述問題は各科目1問以上はなかなか解けません。疲れて集中力や気力が続きません。1問ずつ解けたなら，その日はノルマクリアとする程度でよいでしょう。

㉓ 最初は「写経」でよい

■「写経」もOK

　記述では，不動産登記法35点，商業登記法35点で計70点分の問題が出題されます。

　できれば，100分以内に解き（各50分以内），点数も合計で50点以上は得点したいところです。

　記述が得意であれば，試験に合格する可能性は高くなります。

　択一については基準点ギリギリでも，記述で上乗せするくらいの意気で勉強してください。択一はできるのに，記述で基準点割れする受験生が多いからです。

　記述はとにかく書く練習をすることが重要です。**わからなければ解答丸写し，いわゆる「写経」でも構いません。**2回，3回と同じ問題を解きます。問題集を増やしていくよりも1冊を繰り返すことで実力がつきます。

　同じ問題を解いても意味がないと思われがちですが，知識以上に**問題の解き方**（解く過程の作業）が重要です。

　実力を測りたい場合には，模試を使いましょう。

解答丸写し
から！

㉔ 模試でアドリブ力を養う

■ 模試の点数は気にしないでいい

　記述問題に関しては，過去問はあまり使用せず模試やオリジナル問題集（竹下先生の『司法書士択一・記述　ブリッジ実戦編』（早稲田経営出版））を繰り返しやりました。

　模試で感じるのは，記述の難しさが本試験より高めだということです。本試験の記述に関する採点基準は明らかにされていないので，予備校も少し厳しめに設定しているのかもしれません。また，予備校によっては，時間が足りなくなるような出題もあります。

　模試の得点はあまり気にしなくていいでしょう。

■ 時間配分と部分点を見つける練習

　記述において模試を受ける意味は何でしょうか。

　1つ目に，**時間配分の確認**と**得点できる部分点を見つける練習**です。

　前述のとおり，明らかに時間が足りないように作成されている問題もあります。

　このような時間が足りない問題が出たときは，他の受験生も時間が足りず解答できていないと考えるようにし，その上で得点できるポイント（部分点になりそうな部分）はどこだったのかを確認します。

　たとえば，過去問で聞かれているような知識であれば，そこはきちんと理解していれば解けるポイントになります（択一も記述も共通ですが，過去問と同じ部分を探すということを意識していると得点しなければならない問題が少しみえてくると思います）。

　すべてを書ききれなくても，点数がもらえる可能性があるわけですから，明らかに時間が足りない時に，得点できる部分点を探す練習として考えましょう。

　もちろん，択一との時間配分を確認することの練習もできます。これは大きな意味があります。

■初見問題への対応力

　2つ目に，**初見の問題への対応力**です。

　ただでさえ，記述は書き始めるまでに時間がかかるところ，今までにまったく見たことのないような問題が出題された場合には余計動揺し固まってしまいます。

　このようなことも模試で対策できます。あらかじめ初見の問題の出題に慣れることで「あー，また初めて見る問題か」と思うことができます。

　また，見たことない問題でも，何か記載しなければならないのですから，自身のアドリブ力（知識を何とかひねり出そうとする力）を養う訓練にもなります。

　記述問題で，過去に択一で問われた知識が再出題されることがあります。ただ，初見の問題で，実際に択一の知識を引き出して記述に応用するのは，アドリブ力が相当必要です。この訓練を積み重ねましょう。

■予備校の採点は参考程度に

　百戦錬磨の予備校が記述の採点・添削をしています。模試を受けたら，模範解答やアドバイスをよく読んでおきましょう。ただ，予備校といえども記述問題の採点基準を把握しているわけではありません。本試験での採点基準とは異なる可能性があることを認識し，あくまでも参考程度にとど

めておきましょう。

福ちゃんのワンポイント

実務で致命的な部分 ＝ 大幅減点

　司法書士試験は，実務家としてやっていける人材かどうかを問う試験です。本試験での記述の採点基準は明らかではありませんが，その視点はかなり入っていると考えています。

　私は，「実務で致命傷となりえる部分は大幅減点」と捉えていました。

　具体的には却下になるようなことなのか，それとも補正で直せるレベルなのか，そこが分かれ目です。

　たとえば，不動産登記の枠ズレは完全に却下事案です。自分の中では0点だと考えるようにしていました。反対に，補正で対応できるものや模範解答と異なる記載でも登記申請に影響がないようなレベルのものであれば減点と考えていました。

　あまり点数にこだわらず，不動産登記については「却下になるようなことをしてないか」，商業登記に関しては「大きく登記できない事由を外していないか」という視点で見てみると，意外に書くべきことが見えてきます。

第 5 章

スランプを乗り越える

25 勉強の下準備で「無」になる

■やる気が出ない時にどうするか

　時には，やる気がまったく出ない時があります。そのようなとき，「遊ぶ」「寝る」「無理やり勉強する」などの選択肢があります。

　やる気が出ない時というのは，何をしても集中できないもので，無理やり問題を解いたり本を読んだりしてもなかなか進みません。

　こういう時には，頭を使わない，作業系の勉強，「無」になる作業をすることがおすすめです。

　勉強がしたいけど気乗りがしない時には，集中できる時により効果をアップできるような補助作業をしておくのです。

　いわゆる勉強をしやすくするために行う作業，前準備です。

　例えば，前述した過去問を年度別に組み替える作業や，解説欄に書き込んだ記載をテキストに書き写す（情報の一元化）のなどです。集中力がある時には，後回しにしておき，気乗りしないタイミングでやります。

　無になる作業のようでいて，手を動かしていると，意外に頭に入ってきていることに気づきます。

法律モノのマンガやドラマで息抜きする

■時にはマンガやテレビ

　作業すらしたくないような状況のときには，漫画やTVを見てリラックスするのもいいでしょう。できるだけ法律を題材にした作品を選ぶとモチベーションの復活にもつながります。

　法律を題材にした有名漫画といえば，「ミナミの帝王」や「カバチタレ」ですが，ほかにも意識してTVを見たりしていると意外に出てきています。

　例えば，テレビで経営陣が会議をしている場面を見たら，「これは取締役会かな」「取締役会だと議事録が作られるな」「押印義務があったな」などと関連づけていくのもよいでしょう。

　また，「ミナミの帝王」は，実際の事例に沿ってストーリーが進み，それに回答する（解決する）形で法律知識が出てくるので，いったいどのような場面で使う知識なのかといったことを確認でき，より記憶に残りやすくなります（知識は実際にどのような場面で使うのかがわかると，より理解しやすくなっていきます）。

　どんな場面でも自分自身の意識次第で勉強できるということです。日常生活で，様々なことに関連づけて受験知識を振り返るだけでも知識は定着するのです。

魔法の呪文を手に入れる

■元気の出た魔法の言葉

　私も弱い人間ですから心が折れる時もあります。そんなときに「前向きに頑張って諦めないようにしましょう」「努力は裏切りません。自分自身を信じましょう」といわれても正直冷めてしまいます。心配をありがたいと思いつつも，心には響きません。

　ですが，そんな冷めた私でも，もの凄くやる気が出た言葉というのがあります。それは，「**合格できるか不安に感じた時こそ，勉強するチャンス！**」というものでした。

■受験は孤独で不安なもの

　受験生というのは孤独で不安を感じやすいものです。

　司法書士試験のように難関な試験になれば，勉強以外の時間が取れなくなっていくのでなおさらです。勉強が進んでいくにつれて，より強く不安を感じるようになっていきます。

　勉強を始めたばかりのときは，「今はわからなくても当然だ！　これから頑張っていくぞ！」という感覚だったのが，年度別の過去問などで合格点を取れた頃あたりから，「あ，このままいけば実際に合格できるかもしれない」と実感が湧き始めてきます。同時に不合格になるかもしれないという不安も押し寄せてくるのです。私は，朝から晩までずっと気になって仕方ありませんでした。

　大学の恩師との電話で，ついつい気を許してその不安を吐露してしまいました。

「先生，過去問を○回解いたのですが，実際に本試験の問題も同じように解けるのか不安です」すると，先生は，以下のようにおっしゃいました。

「気持ちはわかる。不安で仕方ないのでしょう。でも，その不安はいくら他人に話をしても消えません。その不安は勉強し続けることでしか消えませんよ。不安に思っているときは，危機感を感じている。その際こそ勉強できるだけの集中力があるということです。不安な時こそ勉強できるチャンスですよ」

さすが恩師。なるほどと腑に落ちました。確かに話を聞いてもらったり，人に相談したりしても，結局「合格できるかな？　ダメだったらどうしよう」と考えてしまうわけですから，勉強するしかないわけです。

直前期には，この言葉を噛みしめ勉強を続けました。不安で仕方ないと受験生は，合格に近いのです。止まらず勉強し続けさえすれば，合格できます。私を救ってくれる，まさに魔法の呪文でした。受験生の皆さんも，不安な時こそチャンスと思い，勉強してください。また，悩みはたまには誰かに吐き出すのもよいです。それだけですっきりしますし，私のように「呪文」をもらえることもあるからです。

福ちゃんのワンポイント

自分にとっての「魔法の呪文」

尊敬する恩師の言葉だったから心に響いたのかもしれません。でも，言葉は自分を支えてくれました。私のはあくまでも一例。自分を奮い立たせてくれる言葉を持ちましょう。

テキストがない環境で勉強してみる

■シャドートレーニング

外出時の待ち時間や満員電車，外を歩いているときに勉強をしたい場合，そこで問題集やテキストを開くのは難しいです。そのような時におすすめしたいのが「シャドートレーニング」です。

たとえば，満員電車で教材を開けられない時などは「昨日の民法の問題で間違えたのは，どういう問題だったろうか」とその知識を頭の中で思い返します。

慣れてくると，過去問の問題も覚えてきます。昨日解いた過去問の選択肢一つでも自問自答できれば，それでだけで過去問の知識を確認することができますし，解説欄の書き込みを思い出したりすることでも勉強できます。

■連想ゲームトレーニング

「司法書士試験の中で『3カ月』という数字を使う知識を思い出してみよう。相続の放棄は相続の開始を知った時から3カ月以内，会社法の株主総会決議取消しの訴えは，決議の日から3カ月以内の提訴期間だったな……他には……」という風に知識を繋げていくように遊びながら思い出すのも効果的です。いわゆる連想ゲームトレーニングです。

■日常あてはめトレーニング

　街を歩いている時も勉強するチャンスです。目にするものに，勉強している知識を使って当てはめてみます。

　たとえば，皆さんが歩いていると新築の戸建住宅があったら，「新築ということは表題登記をして所有権保存登記して登記識別情報（権利証）を出すんだな。保存登記の特徴は，登記原因がなかったな」などと考えます。

　不動産屋さんの前を通れば，「不動産の売買をするので，所有権移転登記をする必要があるな，お金を借りて土地を買うなら，土地に抵当権設定登記も必要になるな……」と考えれば記述問題の練習になります。

　昨日の業務内容やTV番組の内容，夕飯などを思い出せるわけですから，解いていた問題集の内容だけがまったく思い出せないはずはないのです。

福ちゃんのワンポイント

思い出す練習

　教材がないから勉強できないと諦めるのではなく，ない時はない時で工夫します。

　私自身は，このシャドートレーニングの時にものすごく集中して勉強できました。わからない問題でも何らかの知識を捻り出すことが日常化し，本試験の練習になったと思います。

　ただ問題を解いたり，テキストや六法を読んだりするだけが勉強ではありません。工夫次第で，教材がなかったり，集中力が切れていたりするときでも勉強につなげることができるのです。

「立ち勉」「５分寝」してみる

■ 座ると眠くなる

受験時代，私はテキストを読むのが嫌いでした。問題集を解くのは好きでしたが，テキストを読むと，集中できず，眠くなってしまいます。何度自分に喝を入れてもダメでした。

そんなある日，市役所で証明書を請求している時，年度末で待ち時間に座れず立って読んでみると，自宅で読むよりも集中して速く読めたのです。

テキストは座って読むものという固定概念が，この時崩れました。

仕事もデスクワーク中心だったので，自宅でも座っていると血行が悪くなり頭が回らなかったかのかもしれません。

試しに自宅でも立って読んだところ，集中できることに気がつきました。立っていると疲れてくるので「早く休みたい（早く解放されたい）」とスピードアップできます。

座れる環境でもあえて「立ち勉」に切り替えて読んでみるのがおすすめです。

■ ５分だけ寝る

頑張って手を動かして起きようとしているわけなのですが，自分の意思とは裏腹に，限界がくるとガクッと寝落ちしてしまっているような状態でした。

本当に眠たい時は，限界ですからもう寝るしかないです。無理しても抗えません。**どうしても眠いならとりあえず寝て，ちゃんと起きる**というこ

とです。

　私が意識していたことは、「限界がきたら、もう寝る！でも、平日は5分、休日は30分ほどで起きる！」でした。

　寝てもいいけど、すぐに起きる、これが大切です。そのためには布団で寝転んではいけません。私は、机でうつぶせになって寝たり、わざわざ車の座席に移動して寝たり、寝心地がよくない状況を作り出していました。

　学生時代、昼休みに教室で5分ほど寝落ちしてしまって、スッキリしたことはありませんか。少しでも寝るとスッキリするのです。もちろん、ノルマが終わったら、ちゃんと布団で休んでいました。

朝起きてからの勉強スイッチを決める

■土日の朝は1日を決める重要ポイント

基本的に，平日は深夜の勉強でしたが，土日は日中勉強できたので，朝を大事にしていました。

自分なりに，「モーニングルーティン」を決め，勉強スイッチが入るようにしていました。

ご参考までに紹介しますと……

起床したら，まずはシャワーで目を覚まします。夏場は水シャワーにしていました（さすがに冬はしなかったですが）。冬場は布団から出たくない気持ちが強いので，目を覚ましたら布団の中で手足を動かしたりして体を温め，一瞬頑張って，起きて直ぐのシャワーで目を覚ましました。

次に，コーヒーをスタンバイします。とにかく夏でも冬でもキンキンに冷えたコーヒー派です。

■朝食前に勉強

まず，朝食前に勉強します。食べると眠くなるからです。トイレに行きたくなっても我慢してキリのいいところまで勉強しました。トイレ行くと集中力が切れるからです。

途中で休むときは，蒸気でアイマスクと肩こり温熱シートを活用しました。短時間でスッキリできるのでおすすめです。

あまりお金はありませんでしたが，休憩も睡眠も勉強も時間の質を高めるグッズには出費を許していました。

㉛ お気に入りで気分を変える

■お気に入りの文房具

　まず，司法書士試験では沢山書く作業をします。そのため，疲れない，書きやすい筆記具はマストです。私は，パイロットのスーパーグリップ0.7㎜を愛用していました。常に常備していて，何本使ったかわかりません。

　また，蛍光ペンは2色，黄色とピンクのトンボ蛍光マーカーをタイトルや主語はピンク，結論を黄色で使い分けていました。あまりカラフルになると意味がわからなくなるので2色にしていました。

　シャープペンは，サイドノック式がひと手間省けておすすめです。

■リフレッシュするために

　ボトル缶タイプのコーヒーをキンキンに冷やして飲むのが好きですが，お金がない時はインスタントコーヒーを沢山氷を入れて割っていました。体調が悪い時はキレートレモンにしていました。

　また，勉強するときは，効率を上げるため，たまに脳に糖分を補給することを意識していました。おすすめは以下です。

- ブドウ糖　100%（大丸本舗）
- 森永ラムネ
- ミンティア　コールドスマッシュ

■休憩時間の質を上げるために

　前述の通り，休憩時間には花王の「めぐリズム蒸気でホットアイマスク」を使用していました。気持ちがいいのでとてもおすすめですが，結構高いです。通常は，桐灰の「あずきのチカラ（首肩用)」にしていました。バスクリンの「炭酸入浴剤きき湯」は自分へのご褒美として使っていました。短時間睡眠でも睡眠の質が上がる気がしました。

　冬場は，オムロンのフットマッサージャーもおすすめです。

■スマホから離れるために

　どうしても無意識にスマホを触ってしまう癖があったので，スマホを封印するタイムロッキングコンテナを使用し，物理的に遠くに置いておきました。

第 6 章

試験で
ベストを尽くすには

試験前日は気楽に過ごす

■事前に決めたことをやる

　試験前日は，気持ちを落ちつけることと，詰め込みすぎないことが重要です。とにかく消化不良が1番よくないのです。

　何も決めずに前日を迎えると，何をしてよいのかわからず闇雲に時間を使ってしまいます。また，あらかじめ勉強する内容を決めていても，あれもこれもと詰め込み過ぎると結局やり切ることができず，不完全燃焼でモヤモヤした気持ちが残ってしまいます。

　試験前日は，そもそも知識を入れるような時期ではありません。やってきた勉強がきちんとできていることを確認して自信を持ち，気持ちを落ちつけます。

　私は，昨年度の過去問を1年分やり，あとは商法と民法の対比表等の普段あまり見ない箇所を眺めていました。

　前年度の過去問を解き，理由付きできちんと解けているのであれば，基準点超えはおそらく大丈夫と自信を持つようにしていました。

　もちろん，今まで何度も解いてきた問題です。当然，解答も理由もすべて頭に入っているはずですが，緊張している試験前日でも問題なく解けるのであれば，自信を持ってよいと考えました。

　正直残った時間は，休むのもよし，遊ぶのもよし，勉強するのもよしだと思います（一生懸命勉強してきた人からすると，勉強から離れて休んだり，遊んだりしても結局気になって勉強のことを考えてしまうのかな……と思いますが）。

　実際に私の前日のスケジュールは，次のようなものでした。

🕐 試験前日のスケジュール

8時	起床
8時半	シャワー，出発の準備
9時	勉強（前年度の過去問1年分）
13時	昼休憩
14時	前泊のためホテルに移動（県外受験のため）
15時半	休憩
16時	勉強（民法・商法の対比表や模試の間違い箇所を眺める）
18時	夕食
19時	入浴
20時	休憩
22時	勉強（マイナーな書式例や模試の間違い箇所を眺める）
24時	休憩
25時	睡眠

■前日は合否を分けない

　午前中にノルマである前年度の過去問をサラッと終わらせ，残りの時間は模試で間違えた箇所や対比表などの軽めの資料を眺めました。

　「軽く眺める程度」がポイントです。あまりガッツリ読むと余計なことが気になり落ちつかなく，疲れるからです。流す程度でした。

　ここまで来ると知識は入り切っているはずです。前日に慌てて勉強してもあまり意味はないでしょう。

　前日の勉強は合否を分けません。分けるのは，日常の勉強です。

　「もう限界だ」から，「あと少し」という気持ちでどれだけ頑張れていたのか。そこだと思います。

■前日は眠れなくても焦らない

前日は，早めに布団に入ったとしても，なかなか眠れないものです。

本試験前日は早めに寝たほうがよいという人もいますが，途中で目が覚めたり，そもそも全然寝つけなかったりだと思います。運よく21時に寝つけたとしても，24時に目が覚めてしまいその後眠れなければ意味がありません。

本試験は翌日の朝からなので，夜に寝たら早朝の4時頃までは休みたいものです。どうせ3時間しか眠れないのであれば，1時から4時に寝たほうがベターです。

無理に眠ろうとすると，イライラして余計眠れなくなるので，TVを付けながらでもよいので軽く眺めるだけの勉強をしていた方が落ちつきます。

ちなみに，目をつぶって寝転がっているだけでも案外休めているそうです。寝不足でも実力は発揮できると自信を持ちましょう。

33 会場には早めに入る

用意周到に

試験当日はあまり眠れなかったにもかかわらず，頭は妙にスッキリしていました。

会場までは，電車とバスを乗り継ぐため，当然雨だと若干時間が変わってくることもあるので，かなり早めにホテルを発ちました。

さらっとホテルの近くのコンビニで（コーヒー・水・スナックパン（昼用）・タブレット）を買って出発しました。

雨の日だったので，案の定交通機関の遅延がありましたが，早く出発したので影響はありませんでした。

当たり前のことを言いますが，試験当日は，早めに会場に入りましょう。交通機関がどうなっても確実に間に合うようにするのと，余計なストレスを感じないようにするためです。

ただでさえ緊張して余裕がないのに，ギリギリの時間だと焦りを感じます。そして，落ちつく間もなく，試験に突入してしまいます。こんな状態だと，いつもの実力は発揮できません。

本試験にもっていくもの

私の場合，受験生がほとんどいないような時間に会場に着き，まずは余計なことをしないように携帯電話の電源を完全に切り，あとはゆっくりコーヒーを飲んで教材を読んでいました。

ちなみに当日会場まで持っていった教材は，以下の通りです（当時のものです）。

- 『司法書士〈時間節約〉問題集　電車で書式（不動産登記）』辰巳法律研究所著　松本雅典監修（日本実業出版社）
- 『司法書士〈時間節約〉問題集　電車で書式（商業登記）』辰巳法律研究所著　松本雅典監修（日本実業出版社）
- 『司法書士試験合格ゾーン過去問題集』から直近のもの（LEC東京リーガルマインド）

　試験開始の数時間前でそこまで実力が変わることはありません。一応教材は最小限持っていきましたが，落ちつくことに徹していました。

　当日は何回も解いてきた苦手な問題（直近の過去問がおススメ）を解いて知識を確認したり，マイナーな登記例を書式集などで確認するようにしたり，軽く流す感覚でした。

　この時点で必死になってもあまり知識が頭に入ってこないので，何回も間違えてしまう問題の確認や書式例のような眺めるだけの教材がベストでしょう。

福ちゃんのワンポイント

試験場の雰囲気にのまれるな

　試験会場では，皆使いこまれたテキスト等を持って，賢そうに見えてしまうものです。「この会場の中の３％程度しか合格できないとすると，１人か２人か……」など，余計なことが頭をよぎります。落ちつきましょう。今までの自分の努力を最大限活かすことだけを考えます。

本番は落ちついて冷静に

■午前試験の注意点

私は午前試験の問題が苦手でした。公開模試の基準点は超えるものの，点数が不安定で基準点割れを起こす不安がありました（案の定，刑法でミスをしてしまい，基準点ギリギリでした）。

午後に賭け，午前は守りの科目と割り切って，午後に響かせないよう注意しました。

午前問題は時間的余裕があります。早めに終わったら，解答を問題に書き写しながら見直しの作業をするとよいでしょう。自己採点もしやすくなります。

ちなみに，わからない問題は当然出てきます。おそらく他の多くの受験生もわからないので落ちつきましょう。問題を読み，持っている知識の応用で解ける問題かを冷静に確認します。

それでも，まったくわからない問題が出たときは，「ひっかけどころになりそうな箇所はないか」を確認してください。たとえば，「必ず○○○○である」「すべて○○○○である」は代表格です。

原則があれば，ほとんどのケースで例外がありますので，例外なく断定する問題は誤りとなるケースが多いです。

福ちゃんのワンポイント

少ないほうを覚える

「もちろん，例外なく○○」というものもありますが，少ないので覚えやすいです。すべてを覚えるより，少ないほうを覚えて，後はこれ！（原則，同時履行の関係になるが，例外として～だけのようなイメージ）と認識しておきます。

■ 午前試験終了～午後試験開始までの注意点

午前試験が終わったあとは，休憩時間です。注意点は2つ。

- 昼食は軽くすます
- 周囲の受験生の話し声は聞かないようにする

眠くならないようにすることと，余計な話を聞いて不安にならないようにするためです（ちなみに，本試験当日の昼食をどうするかは事前に決めておいてください。あわてて買いに行く時間はないですし，精神衛生上もよくありません）。

私は，周囲の受験生の話し声をシャットダウンしつつ『電車で書式』の商業登記の組織再編の書式例を間違えやすい添付書類を中心にずっと眺めました。

■ 午後試験

「わからない問題はすぐにその時点で自分が正しいと思う肢にマークを付けて次に行く」ルールで解きました。リズムを崩さないようにするためです。

択一の1番から順番に解きはじめ，記述問題を解きました。40分くらい時間が余り，午前試験と同じように解答を書き写し，マークミスをしていないかを確認しました。

見直しは，自信のない問題以外は，マークミスや問題指示の読みミス（「正しいものを選べ」と「誤っているものを選べ」）がないか確認する程度です。

記述についても添付書類や登録免許税額などを中心に軽微なミスがないかを確認をしました。

福ちゃんのワンポイント

見直しでの修正は鬼門

　見直しをすると，「あれ，これ大丈夫かな？」と解答を変えたくなりますが，1番最初に解いたときが最も集中できていますので，余程ハッキリした誤り以外は変えないほうが安全です。

　見直しをする時は，すべての問題を解いた後になりますから疲れ切っています。マークミスなどのケアレスミスがないかを確認する作業と考えましょう。

福ちゃんのワンポイント

SNS にまどわされない

　SNSなどを見ると，高得点者の書き込みが多いので，基準点が上がるのではと不安になります。そういう投稿ほどキャッチしてしまうので，あまり見ないようにしていました。

　合格発表日，ホームページを開いて合格の確認をしたとき，まず感じたのは喜びよりも，ようやく終わったという安堵感でした。同時に，自分が限界まで頑張っていたことに気づき，緊張の糸が切れました。

試験後は新しい教材に手をつけてみる

■合否が微妙なラインの場合

　合格確実ラインであれば安心して口述対策ができます。ただ、ボーダーラインの場合、勉強があまり手につかなくなります。私も、試験後の自己採点で、午前は28点で、基準ギリギリか基準点割れかなと思っていました（午前の問題は前年度の自身の得点から大幅に得点が下がっていたので気持ちは少し凹んでいました）。午後は32点で、記述も不動産、商業ともに枠ズレ無しで細かなミスがちらほらあるくらいだったので、とりあえず午前が基準点超えていたら合格できそうだとは思ったのですが……。

　ポジティブに捉えるようにしていましたが、かなり不安でした。

　とりあえず、仕事が忙しかったので、特に遊んだり旅行に行ったりすることもできませんでした。それまでどおり仕事をして帰ったら勉強をしていました。勉強は習慣化していたので、しないと気持ちが悪いのですが、正直なところあまり身が入りません。

　ほとんどの方がそうだと思いますが、全力で勉強して試験に臨んだ後は、それまで使用していた過去問やテキスト関係をやろうとしても、まったくと言ってよいほど集中できないのではないかと思います。

　そこで、認定考査の勉強をしたり、または今まで触れていないマンション管理士の法律科目などの勉強をしたりしていました。司法書士法や刑法などの試験までにあまり勉強できなかったマイナーな科目をやるのもおすすめです。

　再受験が濃厚でやる気がでない場合、おすすめなのが、絶対ダメ！　と言った新しい教材を買ってみることです。書店に行くと気分転換にもなりますし、新しい教材だと意外に身が入ります。

第 7 章

科目別の正しい対策法

36 （午前）憲法

■ほかの科目とつながりがない

　憲法は，国家の統治体制の基礎を定めた法律です。

　例年３問出題があります。**３問中２問以上は得点したいところです。**基本的な問題が多いため，できるだけ失点は防がなければなりません。

　しかし，この憲法は「曲者」です。司法書士試験は学習が進むにつれ，主要科目とマイナー科目がすべて１つにつながります。ところが，憲法と刑法は，残念ながらその主要科目とつながらず，**独立している**のです。それゆえ，疎かになりやすく，時間も取りにくいので意外と苦戦します。

■条文と判例を押さえる

　憲法は，条文だけでなく，判例も問われます。判例は，「結論」だけでは対応できない出題もありますが，残念ながらそこまで時間を割けないので，最低限，条文と判例の結論を押さえましょう。また，誰が主体なのか，主語に注意します。たとえば，過去問でこのような問題が出題されています。

　問題　最高裁判所の裁判官及び下級裁判所の裁判官の任命は，内閣が行う（平15- 3 - 1 ）。

　解答　×　誤り

　条文を読む際には２色のラインマーカーを使い分けます。

　私は主語をピンクマーカー，述語を黄色マーカーにしていました。

第６条２項　最高裁判所の長たる裁判官は内閣の指名に基づいて**天皇が任命する。**　　　　　←ピンク　　　　　黄色↗

第79条１項　最高裁判所は，その長たる裁判官及び法律の定める員数のその他の裁判官でこれを構成し，その長たる裁判官以外の裁判官は，**内閣でこれを任命する。**

第80条１項　下級裁判所の裁判官は，最高裁判所の指名した者の名簿によつて，**内閣でこれを任命する。**その裁判官は，任期を10年とし，再任されることができる。但し，法律の定める年齢に達した時には退官する。

　条文（特に統治）では**主語，判例は結論**を押さえ，余裕があれば判旨にまで手を伸ばします。

　推論問題（学説）に関しては，主要なものをテキストで押さえれば十分です。現場思考が求められますが，全く知らないと苦戦します。深堀りはいけませんが，ある程度読んでおきましょう。

■年度別過去問を解くなかで押さえる

　憲法は，過去問数が他の科目ほど多くはないので，科目別過去問は省略し，年度別過去問で全科目をおさらいするなかでやりました。１年たった３問しかありませんが，ウェイトとしてはそれくらいです。

　あとは模試で補充のようなイメージでよいかと思います。

福ちゃんのワンポイント

憲法と実務

　初っ端から正直１番実務から遠い科目ではありますが，実務にかかわる様々の条文の根底にある思想を理解するために憲法は不可欠です。憲法の理念をもとに，枝葉のように条文や規制が作られているからです。

37 （午前）民法

コツコツ勉強して得意にしなければいけない

民法とは，私たちが生活する中で使うルールを定めた法律です。契約は口約束だけで成立するのか，自分１人で契約ができないことはあるのか，などです。

民法は20問出題されますが，**18問以上は得点したい**ところです。必ず得意にならなければなりません。

出題範囲が広いうえに，問題を解く際に権利関係を図示しなければならず，他の科目にくらべ，１問解くのに時間がかかります。また，暗記系の科目と異なり**短期間で成績が上がりにくい**です。

そのため，**毎日欠かさず勉強**をし，解き方と知識の力を徐々につけていく必要があります。

問題演習中心で解き方を身につける

民法はテキスト読んでばかりだと点数につながりません。

とにかく毎日過去問を解き続けます。また，わかっている問題でも図を書くようにし，何故そうなるのかの理由を考えます。

過去問も膨大なので，何回か解くと「もういいや」と思いがちですが，「本当にもう二度と過去問を間違えない自信があるか」を確認しましょう。

過去問だけでよいのだろうかと不安になりますが，**安易に手を広げてはいけません**。

午前試験の点数が伸びないと，１番問題数のある民法を疑いますが，民法以外で失点していることもあるので注意が必要です。

■問題の解き方

それでは，具体的に解き方を見てみましょう。

> **問題**　Aがその所有する土地をBに売り渡した後に，その売買契約が解除
> されたにもかかわらず，その後Bがこの土地をCに転売した場合に
> おいては，解除がBの債務不履行を理由としてAが一方的にしたも
> のであっても，AとBとの合意によるものであっても，Cへの所有
> 権移転の登記がされていれば，Aは，土地の所有権をCに主張する
> ことができない。（平4-15-ウ）

この問題は，民法177条の条文知識と判例知識（最判昭35.11.29）で解き
ます。

> **第177条**　不動産に関する物権の得喪及び変更は，不動産登記法その他の
> 登記に関する法律の定めるところに従いその登記をしなければ，第三者
> に対抗することができない。
>
> （最判昭35.11.29）
> 　解除権者が解除後，登記を備えないうちに第三者が出現したときは，
> 解除による所有権の復帰と，第三者への所有権の移転は二重譲渡の関係
> にあり，登記を先に備えたものが優先する。

解除後の第三者との関係は，「先に登記した者が勝ち（AとCの登記を先
にしたもの勝ち）」という結論になります（ちなみに，解除に限らず○○
後の第三者との関係については先に登記した者が勝つパターンがほとん
です）。

問題で注意しないといけないのは，①第三者に該当する者の登場時期は
いつか（○○より前か，それとも○○より後？），②登記を現在備えてい

るのは誰かという点です。

　つまり、「その後Bがこの土地をCに転売した場合」とあるので、①第三者Cは解除後に登場していることがわかります。また、「Cへの所有権移転登記がされていれば」とあるので、②登記を備えているのはCで、Cは解除後の第三者に該当し登記を備えているのでAは対抗できないということになり、この問題文は正しいことがわかります。

　ポイントは「第三者の登場時期」です。それを見極めればすぐに解ける問題です。取消後の第三者なども同じです。時間のかかりそうな問題も解き方（作業）次第でスピードアップできます。司法書士は「根抵当権」や親族・相続法について特に強く知っておかなければなりません。

福ちゃんのワンポイント

民法と実務

　不動産登記の実体確認などはもちろんのこと、司法書士の業務の中では親族、相続法はよく使います。

　たとえば、相続人に行方不明の者がいて遺産分割協議が相続人全員でできない場合どうするか。不在者財産管理人制度などを検討します。行方不明の相続人の代わりの人を選任して遺産分割協議を行うなどです。

　また、賃貸借設定登記で不動産登記に必要な登記原因証明情報の記載要件の漏れを確認するときには賃料が記載されているか等がポイントになります。

　民法改正の知識も不可欠で、免責的債務引受契約書などのような金融機関等で従来使用していた書式が、改正により訂正が必要になっています。きちんと改正に対応されていて登記上問題がないかを確認する仕事もあります。

（午前）刑法

３問中２問正答を目指す

　刑法とは，どのような場合に犯罪となるのか等を定めた法律です。

　たとえば，相手に暴力を振るってケガをさせた場合には，暴行罪か，傷害罪どちらの罪となるのかを学習していきます。

　日頃からよく聞く法律ではありますが，憲法と同じく，他の科目とはつながりにくい科目です。

　３問出題されますが，２問は正答したいところです（年度によって難しい年はあります）。１問程度は落としていいと割り切りましょう。完璧を目指すと沼にはまります。

刑法の対策法

　憲法と異なり，条文数も多いため，全条文の通読はやめましょう。また，憲法同様，あまり時間を割くことはできません。過去問重視でいくべきです。**ひたすら過去問でひっかけどころや解く感覚を身につけていきます。**

　憲法同様，年度別過去問を解けばよいでしょう。ただ，ここで失点が多いようなら，科目別過去問で重点的に対策しましょう。

刑法の解き方

> 問題　建物賃借人であるAは，賃料不払のため賃貸借契約を解除され，賃貸人から引渡請求を受けたにもかかわらずその後も居住し続けた。

> この場合，Aについて不動産侵奪罪が成立する。○か×か。
>
> **解答** ×　Aは「侵奪」に該当しないため（刑法235条の２）（奪取したことにならないため）。

　民法の「占有回収の訴え」（民法200条）の侵奪と関連する問題です。

　基本的には主要科目とは結びつかない独立した科目ですが，上記のように民法の知識と関連するようなケースもあります。

 福ちゃんのワンポイント

刑法と実務

　主に犯罪被害者支援のために用います。

　司法書士は，検察庁に提出する告訴状や告発状の書面作成を行うことができます。ストーカーやDV等の被害相談がある場合に告訴状の作成やＤＶ防止法に基づく保護命令申立書の作成等によって，被害拡大の予防にするお手伝いができます。

　DV等の被害者等が不動産を購入したり相続したりする際に，一定の要件を満たせば，配偶者に知られたくない現在の住所ではなく，住民票に記載された前住所または前々住所等で登記できます。このような知識は役に立つでしょう。

　各単位司法書士会で犯罪被害者支援の相談会もあります。刑法を知っておいて損はありません。

39 （午前）会社法・商法

■7問以上の正答を目指す

午前試験の最後の科目が，会社法です。会社という組織や運営等について定めた法律です。

たとえば，大会社には監査役を置かないといけないのかや取締役会はどのくらいの賛成があれば決議することができるのかなどを学んでいきます。

憲法，刑法と異なり主要科目です。

9問出題（1問が商法）がありますが，できれば7問以上得点したいところです。こちらも司法書士であるならば，他士業に負けないくらい強くならなければなりません！

■何となくのっぺりした科目

会社法は，民法と異なり，条文を読んでもなかなかイメージが湧きにくいです。

言ってみれば，「何となくのっぺり」とした暗記系の科目です。

条文自体は重要ですが，テキストや条文学習で効果はあまり感じられません。問題を解いてひっかけに慣れるしかありません。たとえばこのような問題があります。

> 監査役会設置会社においては監査役の過半数は社外監査役でなければならない。
>
> 解答　×

　監査役会は，監査役の**半数以上**が社外監査役であれば足りる（会社法335条3項）が，監査等委員会設置会社については，監査等委員である取締役の**過半数以上**が社外取締役でなければならない（会社法331条6項），という比較の問題です。

　半数と過半数のような，ポイントを意識していなければ解けない問題が多いです。テキストや条文を読んでいてもどこが問われるのかわからず，得点につながりません。また，数字の理由がわからないことも多く，単純に読んで覚えるのは苦労します。

　ある程度インプットしたら，どんどん過去問を解きましょう。この後にテキストを読むと過去問の引っかけどころの部分がしっかりと光って見えてきます。

　最初の頃は，過去問の問題と解答を暗記すればよいです。

　似ているなと感じた箇所等は積極的にメモをして比較で覚えます。

　また，商法については，全く勉強しないという方もいらっしゃいますが，毎年1問出るわけですから，直前期で構いませんので，民法との違いを中心に押さえましょう。

▮ 商業登記法と一緒にやる

　点数が伸びない時は，商業登記法の記述問題をやって知識を使ってみるとよいでしょう。

　会社法のインプットが終わったらすぐに過去問を繰り返します。

　数字など暗記箇所に関しては，解説欄や条文にとにかく素早く目を通し，何度も見ることで覚えました。頭ではなく，何度も目にすることで自然と覚えます。

　会社法の点数がなかなか伸びない場合，商業登記法（特に記述）の学習を先にすることをおすすめします。会社法を実際に使うイメージができるからです。順序を変えるだけで，理解度が変わります。

福ちゃんのワンポイント

会社法と実務

　合併などの組織再編をお手伝いする際に会社法はマストです。どのタイミングでどのような法的行為が必要かを判断します。たとえば，事前準備である一定期間以内に官報による債権者公告や，株式会社の決算公告などを会社法に則ってします。

　また，各契約書の記載事項が漏れていないかなどの確認をする際にも用います。記載漏れがあると手続が行えなくなる恐れもあるので気をつけなければなりません。

　商業登記とセットになることが多いですが，会社法の組織再編手続きの知識は重要です。法令順守が求められるなかで，現状企業内部に法務担当がいないことも多く，司法書士が登記に付随する周辺知識を用いて契約書のチェックなど企業法務部門で役割を果たすこともできます。

（午後・択一）民事訴訟法

5問中4問は正答したい

　民事訴訟法は民事訴訟に関する手続を定めた法律です。

　民事裁判はどのように進めていかなければならないのかといったルールなどが定められています。たとえば，訴訟を起こしたい場合に，どこの裁判所に起こせばよいのか（管轄）や訴訟を起こすことための能力などについて学びます。ポイントはスピーディーな訴訟手続です。

　毎年5問出題がされ4問以上は得点したいところです。

食わず嫌いになりがちな科目

　テキストを読んだり過去問を解いたりしていても，**最初は苦手と感じる受験生が多い**です。しかし，止まらずに先に進んでください。全体のイメージがつかめると急に面白くなってきます。インプット後は早めに過去問を解きましょう。1回で完璧を目指すのではなく，どんどん進んで2周目以降で見直しをしていくイメージです。

　早めに全体像をつかみ戻っていくということが，午前問題の勉強方法と異なる所です。

　「民事訴訟法は用語が難しく問題で何を聞かれているのかわからない」という受験生もいますが，問題自体は解くのに時間がかかりません。わからなくてもすぐに次へ行くと，ひたすら問題を解き，慣れていくしかありません。マイナー科目なので，時間をあまり割けません。実践に勝るものはないのです。わからなくても止まらず，最後まで進み，戻って繰り返すことがポイントです。

■民事訴訟法の出題例

> **問題**　未成年者は，その親権者の同意があるときは，自ら訴訟行為をすることができる
>
> **解答**　×　（民訴31条）

　未成年者は，法定代理人によらなければ1人で訴訟行為をすることができません。未成年1人で訴訟すると大人以上に時間がかかってしまい裁判が遅延する恐れがあるためです。

福ちゃんのワンポイント

民事訴訟法と実務

　簡易裁判を提起する際には全体の流れなどを把握するために民事訴訟法を用います。

　また，無駄なく迅速な訴訟手続きを進めることができるようなルールがあり，書類にも詳細な定めがあります。

　たとえば，訴状の作成をする際には以下を確認します。

・当事者　　（民事訴訟法133条2項1号）
　　原告と被告のこと
・請求の趣旨（民事訴訟法133条2項2号）
　　相手に何をして欲しいか？などの自身が求めたい判決の主文
・請求の原因（民事訴訟法133条2項2号）
　　条文の要件となりうる事実

　訴状の記載や委任状などの記載に漏れはないかなどの確認をする際に民事訴訟法を用います。

（午後・択一）民事執行法

毎年1問出題

　民事執行法は，強制執行手続の方法や流れについて定めた法律です。

　たとえば，友人に貸したお金をなかなか返してもらえない時に「貸した
お金を返せ」と裁判を起こし，勝つことができ判決文を得たとします。友
人が「それでも返さない」といって任意に支払いをしてくれなかったらど
うすればよいでしょうか。判決文だけでは，相手方の財産から強制的に回
収（差押等）をすることはできません。

　判決文を再度裁判所に持っていき，強制執行手続を行います。この手続
の方法を定めるのが民事執行法です。民事執行法は，毎年1問出題されます。

供託法や不動産登記法と紐づける

　民事訴訟法と同じく，民事執行法も全体像を掴んだうえで，過去問中心
に用語や知識を押さえます。

　供託法や不動産登記法をはじめとする他の試験科目と関連する箇所もあ
ります。紐づけて復習することで，触れる回数を無理せずに増やしましょう。

民事執行法の出題例

　出題例ですが，民事執行法ではこのような問題が出題されます。

> 問題　金銭債権に係る差押命令は，第三債務者を審尋して発しなければ
> ならない。

解答 ×　（民執145条 2 項）

　金銭債権に係る差押命令は下記の図のようなイメージです。差押前にC
を審尋してしまうと，給与債権をAが差押さえしようとしているのがCに
知られ，この給与債権を処分されてしまう可能性があります。

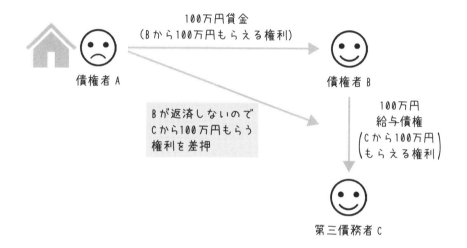

■まずは解答を覚える

　短文の問題が多いです。どんどん問題を解きましょう。わからなければ
解答を覚え，2 回目，3 回目で確実にしていきます。
　理由付けできる箇所もあるのでテキストや条文をじっくり読み込みたく
なるのですが，時間が掛かるのであまりおすすめしません。過去問メイン
がよいでしょう。

民事執行法と実務

　通常の裁判所提出書類作成業務ではもちろん，不動産の強制競売物件にローンを組んで購入する際の登記手続においても民事執行法を使います。

　不動産の強制競売において，買受人の代金納付があれば，原則として裁判所書記官の嘱託（裁判所書記官が法務局に書類を送付するイメージ）により所有権移転登記を行います。ただし，裁判所書記官は抵当権の設定などの登記は嘱託してくれません。金融機関からの借り入れがあれば，裁判所書記官の所有権移転登記の嘱託が完了した後でなければ抵当権設定登記が申請できず，金融機関側が融資をしにくくなります。

　そのため，司法書士などの申出人の指定する者が事前に一定の手続をすると，例外的に裁判所書記官の嘱託書類を受け取ることができ，所有権移転登記と抵当権設定登記を同じタイミングで申請できます。強制競売物件を融資で購入する場合などにこのような知識を用います。

42 （午後・択一）民事保全法

毎年1問出題

　民事保全法は民事保全手続の内容や流れについて規定した法律です。

　通常，債権者は，判決を得てから差押（強制執行手続）を行います。ただ，訴訟は時間がかかるので，判決が出るまでの間に債務者が財産を処分したり隠匿したりする可能性があります。

　このような場合に備えて，一定の場合，判決の出るまでの間，債務者の保有している財産を「仮」に差押する手続や保有している不動産を売却などの処分することを禁止する「仮」処分手続等を行うことができます。

　これらの手続の内容や流れが記されているのが民事保全法です。

　こちらも民事執行法と同じく毎年1問出題されます。

　民事執行法と民事保全法であわせて2問出題されますが，どちらか1問以上は得点できるようにしましょう。

イメージが大事

　民事保全法も**過去問中心**で大丈夫です。

　どうしてもイメージがわきにくい箇所は，どのような場面でこの知識を使うのかをインターネットで検索してみましょう。実際にこの知識をどのように使うのかの事例がわかれば理解が深まります。

民事保全法の出題例

　たとえばこのような出題がされます。

> **問題** 保全執行は，申立てにより又は職権で，裁判所又は執行官が行う。
> ○か×か？
> **解答** ×　（民保2条）

　まだ裁判でどっちが勝つのかわからない状態で，裁判所が職権で保全執行をするわけにはいきません。このように，条文知識を問う問題が多く見られます。

早めの過去問がポイント

　民事訴訟法，民事執行法と同様，早めに過去問に手をつけ，何度もやります。丁寧に1回やるよりも回数を稼ぐほうが，最後にテキストに戻ったときに効果的です。

福ちゃんのワンポイント

民事保全法と実務

　保全手続されたものを抹消するような実務が多いです。
　たとえば，処分禁止の仮処分の登記がなされている不動産の売買は事実上できません。その際に，保全取消しなどの手続などを検討しつつ，どのような流れでこの処分禁止の仮処分の登記を抹消するのかといったことを考えます。他にも仮差押解放金の供託による不動産仮差押執行取消手続なども考えられます。
　このように売主買主の双方が不動産の売買をしたいのに，複雑な登記で所有権移転登記が簡単にできないような場合に解決法を考えるような仕事が多いです。

43 （午後・択一）供託法

■毎年 3 問出題，全問正解を目指す

　供託法はどのような時に供託できるかといった要件や手続について定めた法律です。

　供託とは，**供託所（国の機関）**へお金を預けることで，支払ったのと同じ効果になる制度です。本来であれば債権者に直接支払うものを，何らかの事情で実現が困難なため，代わりに供託所に支払い預かってもらうのです。たとえば，自宅の賃料を支払いたいと思った時に，債権者である貸主が行方不明となってしまった場合，賃料を支払いたくても貸主の行方がわからないので支払えない場合に放置してしまうと賃料不払いとして不利益を受ける恐れもあります。このような時に供託手続を検討します。

　供託法からは毎年 3 問出題されていますが，ここは全問正解の目標でいきましょう。

■最後にやる科目

　供託法は，他の科目との関連が強いため，**勉強する時期は最後がベスト**です。他の科目に比べると解きやすいので，集中できない時にもできます。

■供託法の出題

> 問題　賃貸人の死亡により相続が開始した場合において，相続人がその
> 妻と子であることが判明しているときは，子が何人いるのか明ら

かでない場合であっても，賃借人は，債権者不確知を供託原因と
して供託することはできない。○か×か。

解答 × （昭41.12.8-3325号）

　相続が発生すると相続人は確定することになりますが，実際に調査する
となると難しいことも多く，賃借人は貸主の相続人の有無を調査する義務
までは負いません（昭和38年2月4日民事甲351号民事局長認可）。

 福ちゃんのワンポイント

供託法と実務

　古い抵当権が残ったままとなっている場合などに供託法を使用しま
す。

　相続登記の依頼を受けると，相続人も全く心当たりのない，明治時
代くらいに設定された抵当権が残ったままということがよくありま
す。このような場合，抵当権者の協力を得ることは難しいので，一定
の際には，「債権の弁済期より20年を経過し，かつその期間の経過し
た後，債権，利息及び債務の不履行により生じた損害の全額に相当す
る金銭の供託をして単独で抵当権の抹消手続きを行う」（不登法70条
3項後段）ことをします。

　他にも民事保全法で記載した仮差押解放金の供託手続の際に手続の
流れやルールなどを把握するために用います。

（午後・択一）司法書士法

■必ず正答したい科目

　司法書士法は，司法書士の業務について定めた法律です。

　司法書士の欠格要件（試験に合格してもこのような要件に当てはまる場合には登録できない）や司法書士の業務（司法書士が行うことができる業務は何か）などを学習していきます。

　受験生にとっては，合格後のこともイメージできるので取り掛かりやすいです。毎年１問出題されますが正解できるようにしましょう。

■将来の仕事をイメージする

　自分の将来のことをイメージし，それを重ねて勉強すると楽しく勉強できます。基本的に過去問のみ，テキストや条文は直前期のみで十分です。

　ちなみに，筆記試験ではマイナー科目ですが，口述試験や実務，また認定考査試験では重要な科目です。

■司法書士法の出題例

> 問題　懲役刑の執行を猶予された者は，執行猶予期間中は司法書士となる資格を有しないが，猶予期間が満了した後は，他の欠格事由がない限り，司法書士となる資格を有する。○か×か。
>
> 解答　○（昭25.9.13 民事甲2562号）

禁固以上の刑に処せられたような場合には，刑の執行が終わってから3年は登録できません。

しかし，執行を猶予された場合，猶予期間中（反省期間中）は司法書士になる資格を有しないので，登録を受けることができませんが，執行猶予期間が無事に満了した場合には，刑の言い渡しの効力が失われるため登録できます。

福ちゃんのワンポイント

司法書士法と実務

　領収書の発行義務などのように司法書士に課せられた義務や司法書士法人を設立する際の手続を確認します。売り上げによっては法人化した方がよい場合があり，その際に司法書士法人の設立する際のルールが記載されています。

　ちなみに，筆記試験後の口述試験や特別研修後の認定考査の際には，メイン科目です。

45 （午後・択一）不動産登記法

16問中14問は正解したい

さて，午後問題のメイン科目，不動産登記法です。

その名のとおり，不動産登記の手続に関して定めた法律です。

不動産は，法務局といった国の機関で所有者は誰なのかといった記録が保存されています。

その名義を変更することが司法書士の業務の一つとなるのですが，たとえば，自分の所有している土地を売買する場合には，売主から買主に所有権が移転するので，当然所有者が変わります。

つまり，不動産登記簿の名義を買主に変更しないといけません。この手続に必要な書類や登記の際にかかる登録免許税などについて学習します。

不動産登記法は，16問程度出題されますが，**得点目標は14問以上**です。

得意科目にすることが合格の近道

不動産登記法が苦手な状態では合格できません。

民法と関連してくるので，一見勉強しやすそうに思えるのですが，実はとっつきにくいです。択一だけの勉強では点数が伸びません。

伸びないのは，全体像がつかめていないことが原因です。早期から記述問題を解いてこの状況から脱しましょう。ひたすら問題演習です。

択一の過去問題集を1回解いたら記述問題に取り掛かって差しつかえありません。解けなくても大丈夫です。書いて，書いて，体で覚えます。

記述がある程度解けるようになってきたら，択一に戻ると自分の成長がわかります。

■不動産登記法の出題例

不動産登記法では，このような問題が出題されます。

問題 根抵当権者である株式会社が合併により解散したときは，吸収合併存続会社が単独で根抵当権移転の登記を申請することができる。○か×か。

解答 ○（不登法63条2項）

　不動産登記は，原則として損する人の現在の登記名義人（登記されている人）と新たに登記名義を得ようとする者得する人の（現在登記されている人から名義をもらう人）との共同で申請しなければなりません。

　しかし，本問の場合，現在の根抵当権者は合併により解散しており（吸収される側の会社），既に存在しないため，登記の申請時点においては合併にて存続する会社（吸収する側の会社）しか存在しません。

　そのため，単独で登記申請を行います。

🎤📻 福ちゃんのワンポイント

不動産登記法と実務

　不動産の売買に関する登記や新築住宅を建築する際の登記や相続登記など，実務に密着した法律です。

　必要な書類の案内を行ったり，登録免許税を含めた見積書を作成したり，様々な場面でこの法律に立ち返ります。

　受験勉強で何度も確認していることとはいえ，事前に必要書類一覧を作成し漏れのないように注意し，あらかじめ書類のチェックリストや見落としがちの注意点などもまとめた書類も携帯し対応するのが一

般的です。

　他にも，登録免許税の額を考慮し，他によい登記手続がないかを検討します。

　たとえば，

> 債権額が１億円の抵当権が設定されている
> 課税標準1,000万円の土地　１筆

を事業用借地として賃貸する場合，抵当権よりも後ろの賃借権は抵当権に対抗できません（出ていけと言われたら追い出されかねない）。

　この場合，通常は

> ①抵当権抹消（登録免許税1,000円）
> ②賃借権設定（登録免許税10万円）
> ③抵当権設定（登録免許税40万円）

との順にいわゆる抵当権を１回消して付け直すような登記を行い，登録免許税は50万1,000円となります。

　しかし，民法上　賃借権の抵当権に優先する同意登記という制度があります。この制度を利用すれば

> ①賃借権設定（登録免許税10万円）
> ②賃借権の抵当権に優先する同意（登録免許税2,000円）

との順にいわゆる順番を入れ替えるような登記を行い，登録免許税は，10万2,000円となります。

　結果，登録免許税は40万円ほど差が生じることになります。このように不動産登記手続と登録免許税を理解しておけば，ご依頼者によい提案ができるでしょう。

46 （午後・択一）商業登記法

■会社法とセットで勉強

午後試験のメイン科目の2つ目です。

商業登記法は，会社をはじめとする法人の登記手続について定めた法律です。

法務局には，不動産以外に会社の登録記録も保存されています。ざっくり言うと，会社の名簿のようなもの（登記簿）があり，その記載内容や必要となる書類などを学習します。

たとえば，会社を設立する場合には，法務局に設立登記（設立したので，名簿に新しく名前を登録）をしなければなりません。この登記をすることで初めて設立することができます。

会社法と関連する科目ですので，セットで勉強しましょう。

■実際の書式を見よう

この科目もひたすら問題演習です。

ただし，印鑑の部分などイメージできなければ，実際の書類に触れるのがベストです。法務省のHPからダウンロードして会社設立の申請書類を作るイメージを持ちましょう。実際に作るとなると時間がかかるので，深入りは必要ありません。

■商業登記法の出題例

> **問題**　登記の申請書に押印すべき者が印鑑を提出する場合には，提出に
> 係る印鑑につき市区町村長の作成した証明書で作成後 3 カ月以内
> のものを添付しなければならない。○か×か。
>
> **解答**　×　提出する個人の印鑑について市区町村長の作成した証明書（印
> 鑑証明書）が必要となる。（商登規則 9 条 5 項）

　試験にはそこまで重要ではないかもしれませんが，次ページに印鑑届出
書を掲載したしました。この中で，上記の知識（印鑑が①個人の実印と②
会社の実印の 2 つが出てくる）が出ています。平成30年問28でも出題され
ています。

> **問題**　印鑑の提出は，印鑑届書に代理人の権限を証する書面を添付して，
> 代理人によりすることができる。○か×か。（平成30年問28（ウ）
> より）
>
> **解答**　○（商登規則 9 条の 6 ）

 福ちゃんのワンポイント

商業登記法と実務

　会社設立に関する登記，資本金の減少や増資の際の登記，役員の変
更登記などで商業登記法が出てきます。
　不動産登記とは異なり，申請ソフトで対応しきれない部分もあり，

また相談された登記の内容から派生して他の登記も必要となることが多いので受験勉強の知識がそのまま活かされます。

　ご依頼者の当初の依頼手続以外にも，派生して追加的登記が必要となることも多々あります。見落とさないよう注意します。

　たとえば，取締役会が設置されている場合に，「取締役会を廃止するのでその旨登記をして欲しい」と依頼されたとして，「取締役会を廃止したことにより全員が代表者となる代表権付与登記は必要ないか」などを確認します。

　また，合併登記を行う場合には，会社の目的欄にも注意しなければなりません。たとえば，実際に許可を持っていない場合でも，会社目的欄に利用運送事業または一般貨物自動車運送事業が記載されている場合には，所轄官庁の証明書がないと登記ができない場合があります。

印鑑（改印）届書

※　太枠の中に書いてください。

(注1)（届出印は鮮明に押印してください。）	商号・名称	株式会社フクシマ
株式会社フクシマの印 会社の実印 （今回届出する会社の印鑑）	本店・主たる事務所	愛知県名古屋市○○区○○町1番1号

	印鑑提出者	資格	代表取締役
		氏名	福島崇弘
		生年月日	昭和　　　　△　年　△　月　△　日生

(注2)　□ 印鑑カードは引き継がない。　□ 印鑑カードを引き継ぐ。　　会社法人等番号

印鑑カード番号　　　　　-
前任者

届出人(注3)　☑ 印鑑提出者本人　□ 代理人

(注3) の印
福島崇弘の印
個人の実印
（印鑑証明書で実印かを確認する）

住　所	愛知県名古屋市○○区○○町1番1号
フリガナ	フクシマ　タカヒロ
氏　名	福島　崇弘

委　任　状

私は，（住所）
　　　　（氏名）
を代理人と定め，印鑑（改印）の届出の権限を委任します。

令和　　　　年　　　月　　　日

住　所
氏　名　　　　　　　　　　　　　　　　　　印　［市町村に登録した印鑑］

□　市区町村長の印鑑証明書は，登記申請書に添付のものを援用する。（注4）

(注1)　印鑑の大きさは，辺の長さが1cmを超え，3cm以内の正方形の中に収まるものでなければなりません。

(注2)　印鑑カードを前任者から引き継ぐことができます。該当する□に☑印をつけ，カードを引き継いだ場合には，その印鑑カードの番号・前任者の氏名を記載してください。

(注3)　本人が届け出るときは，本人の住所・氏名を記載し，市区町村に登録済みの印鑑を押印してください。代理人が届け出るときは，代理人の住所・氏名を記載，押印（認印で可）し，委任状に所要事項を記載し，本人が市区町村に登録済みの印鑑を押印してください。

(注4)　この届書には作成後3ヶ月以内の**本人の印鑑証明書**を添付してください。登記申請書に添付した印鑑証明書を援用する場合は，□に☑印をつけてください。

印鑑処理年月日				
印鑑処理番号	受付	調査	入力	校合

（午後・記述）不動産登記法

問題を読んで解く力をつける

不動産登記法の記述問題には2つの作業があります。

①登記記録の情報を読み取る（問題文の読み方）
②問題に対して必要な解答を出す（解答の仕方）

　問題文を読んでとにかく問題を解くことが大事です。テキストを読んでいるだけではできるようになりません。実践あるのみです。

　わからなければ，解答を見ながら書き写し，体得します。解けば解くほど吸収できます。

　記述は一気に全部書こうとするので，果てしない作業のように見えますが，登記の目的と原因をきちんとおさえ枠ズレをしないようにすることがポイントです。日頃の学習時間がなければ，**登記の目的と原因のみ書く**のでもよいでしょう。

　練習して，登記の目的，原因をしっかり見極める力をつけましょう。

登記記録の情報の読み取り方（問題文の読み方）

　まずは，問題文を読む力が必要です。「そんなの，日本語だから読めるだろう」と思われるかもしれませんが，日本語が読めても，読解力があっても，一筋縄ではないのです。

　何故なら，普段見慣れない登記記録だからです。図に落とし込んで整理して読みます。

問題　次のような登記記録がある場合に，B株式会社が，所有権移転仮登記の本登記を申請しようとする場合，必要となる添付書類を記載しなさい。

登記記録

表題部（土地の表示）　調整（略）　不動産番号（略）　地図番号（略）　筆界特定（略）

所在	横浜市鶴見区新町二丁目		余白
② 地　番	②地　目	③地積　㎡	原因及びその日付（登記の日付）
1番1	宅地	160.00	余白

権利部（甲区）（所有権に関する事項）

順位番号	登記の目的	受付年月日・受付番号	権利者その他の事項
1	所有権移転	平成7年3月2日第3061号	原　因　平成7年3月2日売買 所有者　横浜市中区中央五丁目13番12号　A株式会社 順位3番の登記を移記
付記1号	登記名義人住所変更	平成9年2月2日第2799号	原　因　平成9年2月1日住所移転 住　所　横浜市中区中央五丁目13番11号
2	所有権移転仮登記	平成7年5月1日第8754号	原　因　平成7年5月1日売買予約 所有者　名古屋市中区中央五丁目1番2号　B株式会社
	余白	余白	余白
3	所有権移転	平成9年2月2日第2800号	原因　平成9年2月2日売買 所有者　横浜市中区中央五丁目13番12号　C株式会社

権利部（乙区）（所有権に関する事項）

順位番号	登記の目的	受付年月日・受付番号	権利者その他の事項

1	抵当権設定	平成9年2月2日 第2801号	原　因　平成9年2月2日金銭消費 　　　　貸借同日設定 債権額　金5000万円 損害金　年14.00%（年365日日割計算） 債務者　横浜市中区中央五丁目13番 　　　　12号　C株式会社 抵当権者　横浜市中区中央五丁目1 　　　　番1号　株式会社Z銀行

　このような，登記事項証明書の読み方が問われた場合，登記記録について，次のように時系列に落とします。

　真ん中に線を引いて上部分に甲区，下部分に乙区を左から順番に記載していきます（やり方は人によって様々なので，必要に応じて情報を追加したり削除したりしてください）。

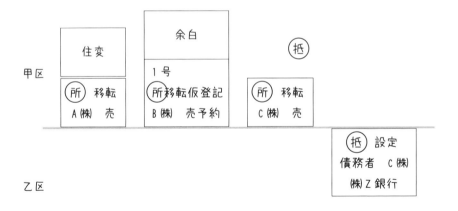

　このように図示すると次の展開がしやすいです。この後，甲区2番にあるB㈱の仮登記の本登記を行う場合，次のようになります。

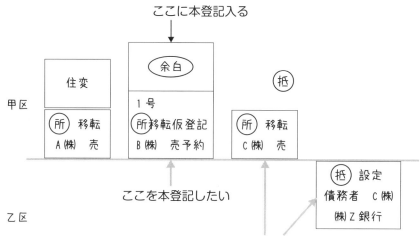

そうすると，C㈱と㈱Z銀行は，登記官の職権により，せっかく自分がした登記を抹消されます。知らないところで勝手に抹消されるのは困るので，B㈱が本登記を申請する場合には，**C㈱と㈱Z銀行の承諾が必要です。**

■問題に対して必要な解答を出す（解答の仕方）

解答は，単純に今まで学んだ知識を出すだけなのですが，最初の頃はなかなか書けません。ひたすら問題演習です。

では，簡単な例題を解いてみましょう。

> **問題**　令和2年1月1日，Aは，自らが所有する甲建物をBに売却した。この売買契約には，代金全額の支払いが完了した時点でAからBに所有権が移転する旨の特約がある。令和2年1月31日にBはAに

代金全額の支払いをした。この場合，必要となる登記についての，登記の目的，登記原因及びその日付，申請人の氏名又は名称，添付情報を記載せよ。

　今回の問題は下記のような図のとおりの関係となり，買主Bから売買代金全額の支払いがあった時に売主Aから買主Bに所有者が代わります。

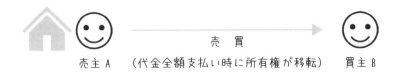

売主A　（代金全額支払い時に所有権が移転）　買主B

　その結果，以下のような権利関係になります。

登記の目的	所有権移転
原　　因	令和2年1月31日売買
	（代金全額の支払い日になるので注意）
登記権利者（得する人）	B（新しく登記名義がもらえるため）
登記義務者（損する人）	A（登記名義を変えられてしまうため）

　この登記の際にどのような書類を提出しなければならないでしょうか。
　確認するのは，売主Aが本当に甲建物の所有者か，売却の意思はあるのか，です。
　本当の所有者を確認するには，1人1人法務局に来てもらい面談するわけにもいきませんので，不動産の所有者しか持っていない書類を提出してもらい確認をします。
　それが，登記識別情報（いわゆる権利書）です。
　また，重要な所有権に関する登記をする際には，登記識別情報以外に本

人しか取得できない印鑑証明書を添付します。

　今回の所有権移転登記によって，名義を変えることになるAさんがこれらの登記識別情報と印鑑証明書の2つの書類を提出することによって確認していきます。

　印鑑証明書があるということは，当然委任状の印鑑と照合していきます。

　また，買主は基本的に買主の住所地も本当に存在する住所（架空の住所ではないか）を確認していかなければなりませんので住民票を添付します。よって添付書類は以下の通りとなります。

- 登記原因証明情報（売買契約書等）
- 売主Aの登記識別情報（Aの本人確認等）
- 売主Aの印鑑証明書（Aの本人確認等）
- 買主Bの住民票（買主の住所を証明）
- 売主A，買主Bから司法書士への委任状（代理権限証明情報）

福ちゃんのワンポイント

暗記しなくて大丈夫！

　このように理屈があっての必要書類です。不動産登記の添付書類は登記の目的と原因を判断すれば大体イメージできます。暗記しなくても大丈夫です。

　登記原因証明情報がいらない場合等の特殊なケースだけ押さえましょう。

　重要なのは，登記の目的，原因をしっかり見つけることです。

　ここさえ書ければ，後は現場で対応できるのです（それでも間違えるような特殊な箇所はその場で新たな知識として入れてください）。

■枠ズレは実務でもダメ！

不動産登記法の記述問題は，特に枠ズレというものに注意をしていかなければなりません（実務上でも枠ズレは致命傷になります）。

問題
- 令和２年１月１日，Aは名古屋市中区丸の内１丁目１番１号から名古屋市中区丸の内１丁目１番２号に住所を移転した。
- その後，Aは自らが所有する甲建物をBに売却した。
- この売買契約には，代金全額の支払いが完了した時点でAからBに所有権が移転する旨の特約がある。
- 令和２年１月31日にBはAに代金全額の支払いをした。

この場合，必要となる登記について，解答欄へ登記の目的，登記原因及びその日付，申請人の氏名又は名称を記載せよ。

今回の問題では売却よりも前にAが住所を移転しています。登記記録を変更しなければなりません。

つまり，先ほどの問題とは異なり，いきなり所有権移転登記を申請することができません。

その前に，①登記名義人住所変更登記（住所変更）を申請し，登記簿上の住所を最新の住所に変更した上で，②所有権移転登記（AからBへの売却）を申請することになります。正しいのは以下のようになります。

① 登記名義人住所変更登記（住所変更）

登記の目的	所有権登記名義人住所変更登記

原因及び日付	令和 2 年 1 月 1 日住所移転
上記以外の 申請事項	申請人　A

②　所有権移転登記（AからBへの売却）

登記の目的	所有権移転登記
原因及び日付	令和 2 年 1 月31日売買
上記以外の 申請事項	登記権利者　B 登記義務者　A

　この時に以下のように書いてしまうと，解答欄①，②ともに間違いということになってしまいます。これがいわゆる枠ズレというものです。

①　所有権移転登記

登記の目的	所有権移転登記
原因及び日付	令和 2 年 1 月31日売買
上記以外の 申請事項	登記権利者　B 登記義務者　A

②

登記の目的	
原因及び日付	
上記以外の 申請事項	

　不動産登記法は，この枠ズレを起こすとかなり致命傷です。問題文中からどのような登記の流れになるのかを判断する練習をしてください。

福ちゃんのワンポイント

引っかけポイントは決まっている！

　枠ズレの原因となる多くの引っかけどころのポイント（住所変更や合併移転など）は決まっています。問題演習を繰り返し，そこを見落とさないように意識するようにしてください。

48 （午後・記述）商業登記法

■情報量が多いので読み方に慣れる

　商業登記法は，登記できない事項を見落としてはいけません。**添付書類のどこに注意をするのか**を身につけます。

　情報量が多いため，問題に出てくる別紙議事録等の読み方に慣れる必要があります。択一対策で慣れることはできないので，**記述対策を早めにスタート**する意義がここにあります。

　「別紙　聴取記録」から読み始めると，概要を素早く掴めます。

福ちゃんのワンポイント

書く速度も必要な科目

　商業登記法は，不動産登記法よりも記載量が多いです。書く速度そのものを上げる必要があります。これは練習しかありません。

■商業登記法の出題例 1

> **問題**　次のような登記記録がある場合，Yが令和 2 年 2 月29日辞任した場合は，どのような登記が必要となるか。

会社法人等番号	1800 - 01 - ○○○○○○
商号	株式会社ABC
本店	名古屋市中区丸の内○○番○○号

公告をする方法	官報に掲載してする
会社の成立年月日	令和2年1月31日
目的	1．宅地建物取引業 2．上記各号に付帯する一切の業務
発行可能株式総数	200株
発行済み株式の総数並びに種類及び数	100株
資本金の額	100万円
株式の譲渡制限に関する規定	当会社の株式を譲渡により取得するには，株主総会の承認を受けなければなければならない。
役員に関する事項	取締役　　　X
	取締役　　　Y
	名古屋市中区丸の内○○番○○号 代表取締役　Y
登記記録に関する事項	設立 令和2年1月31日登記

この時，登記記録を次のように変更する必要があります

会社法人等番号	1800－01－○○○○○○
商号	株式会社ABC
本店	名古屋市中区丸の内○○番○○号
公告をする方法	官報に掲載してする
会社の成立年月日	令和2年1月31日

目的	1．宅地建物取引業 2．上記各号に付帯する一切の業務
発行可能株式総数	200株
発行済み株式の総数 並びに種類及び数	100株
資本金の額	100万円
株式の譲渡制限に関 する規定	当会社の株式を譲渡により取得するには，株主総会の承認を受けなければなければならない。
役員に関する事項	取締役　　X
	取締役　　Y ➡　退任（自ら辞任したため）
	名古屋市中区丸の内○○番○○号 代表取締役　Y ➡　退任
	名古屋市中区丸の内○○番○○号 代表取締役　X ➡　就任（代表取締役が不在となり，新しい代表取締役が必要になる）
登記記録に関する事 項	設立 令和 2 年 1 月31日登記

　記述の問題で出たときは，定款の定めにもよって異なりますが，たとえば次のように解答します。

 登記の事由　　　取締役及び代表取締役の変更
　　　　登記すべき事項　取締役　Y　　　令和 2 年 2 月29日辞任
　　　　（住所省略）　　代表取締役　Y　令和 2 年 2 月29日辞任（また

> は，退任）
>
> 代表取締役　Ｘ　令和 2 年 2 月29日代表権付与
>
> （または，就任）

　つまり，Ｙが辞任したことにより，取締役，代表取締役を退任する登記
をします。また，株式会社には代表取締役は必置（一部委員会設置会社を
除く）なので新しい代表取締役の就任登記も同時にします。

■商業登記法の出題例 2

> **問題**　株式会社Aは，令和 2 年 6 月30日に資本金1,000万円を900万円
> まで資本金を減少したいため，次のように決議及び債権者に対す
> る公告をした。知れている債権者は存在しない。
> この場合，資本金の減少登記をすることはできるか？
>
> ---
>
> **臨時株主総会議事録（一部抜粋）**
>
> 第 1 号議案　資本金の額の減少に関する件
> 　議長は，資本金1,000万円のうち金100万円を減少して金900万円とし
> たい旨を述べ，以下の事項につきその承認を求めたところ，満場異議なくこ
> れを承認可決した。
>
> 記
>
> 1　減少する資本金の額金100万円
> 2　効力発生日令和 2 年 6 月30日

上記の決議を明確にするため，この議事録を作成し，議長並びに出席代表取締役が次に記名押印する。

　　　　令和 2 年 4 月20日　　　株式会社A臨時株主総会
　　　　　　　　　　　　　　　議長
　　　　　　　　　　　　　　　代表取締役　○○○○　　　　　　　㊞

＊本決議は適法に可決された。

資本金の額の減少公告（一部抜粋）

　当社は，資本金の額を100万円減少し900万円とすることにいたしました。

　この決定に対し異議のある債権者は，本公告掲載の翌日から 1 箇月以内にお申し出下さい。

　なお，事業年度最終貸借対照表の開示状況は次のとおりです。
　確定した最終事業年度はありません。

　令和 2 年 4 月28日
　　　名古屋市中区丸の内○○番○○号
　　　　株式会社A
　　　　　代表取締役　○○○○

　ここで，資本金を減少するときは， 1 カ月以上の期間で債権者保護手続をしなければなりません（会449条）。また，債権者保護手続は，次の事項

126

を官報に公告して，知れている債権者へは個別に催告をすることになります（会449条2項）。

①資本金の額の減少の内容
②最新の貸借対照表又はその要旨が掲載されている場所
③債権者が一定の期間内（1カ月以上）に異議を述べることができる旨

　資本金の減少する効力日の1カ月以上前に官報（国の発行する広告）にて公告および知れたる債権者に個別催告をしなければなりません。官報公告日付と資本金の減少効力日を確認し，登記できるのかを判断します。

　上記の問題は，令和2年4月28日から1カ月以上経過した，6月30日付けの効力日となっているので登記できますが，これが1カ月経過していなかったら登記できません（休日は考慮しない）。ひっかけどころです。

福ちゃんのワンポイント

商業登記法は細かくおさえていく

　このように，問題を解くことで注意すべき点を体で覚えます。例題のように，会社の役員情報や資本金の額などを変更する等をするのが商業登記法の記述問題です。添付書類については，不動産登記法よりも細かくおさえる必要があります。

49 口述試験

■口述試験の概要

　口述試験を受験できるのは，筆記試験の合格者のみで，筆記試験の合格発表から数日中に受験票が届きます。例年，筆記試験合格発表は 9 月末頃で，口述試験は10月の第 2 週目に行われます。筆記試験に比べると体験記が少ないので，私が説明したいと思います。

　口述試験は，午前と午後の 2 つの部で分けられ，どちらの時間帯で受験となるかは指定されます。

■口述試験は落とす試験ではない

　予備校で口述模試を担当しています。模試なのに，緊張感漂う受験生もいますが，口述試験は基本的には落とす試験ではないので安心しましょう。

　筆記試験で合格率 3 ～ 4 ％まで絞り切っているわけですから，法務局の職員の方との顔合わせと本人確認程度のようなイメージで臨んでよいでしょう。

福ちゃんのワンポイント

司法書士法の対策をしておこう！

　ちなみに，口述試験では司法書士法もメイン科目となります。
　筆記試験直後から筆記試験合格発表までの間は，勉強のモチベーションが下がっていると思いますが，今後の認定考査試験や実務でも司法書士法は使う法律になりますので，しっかり勉強しましょう。

■口述模試で対策

口述試験については，体験者に聞くのが1番です。私は名古屋法務局が会場で時間帯は午前でした。

筆記試験合格後は，各予備校（LEC，TAC，伊藤塾など）が口述の模試を行っており，それを受講すると口述試験予想問題集をもらえるので，それを何回も読んでいました。

特に司法書士法の1条，2条の問題は繰り返し確認していました。

■大部屋で待機

当日は早めについて，会場で待ちました。そうこうしているうちに，試験官から大部屋に案内され，緊張しました。

口述試験の順番はくじ引きで決まります。会場へ早く入った私ですが，順番は最後の方でした。緊張しながらかなり待ちました。

大部屋の雰囲気はそれほどピリピリしていないのですが，大部屋から出た受験生は戻ってこないので，だんだん人数が減ってきて緊張感が増しました。

■試験の内容

ようやく順番が来て，係の人に口述試験を行う部屋まで案内されました。

部屋に到着すると，係の人がドアを代わりに開けてくださったので，そのまま入室しました（会場によって流れが異なるようです。当然ですが，ドアを自分で開けるケースもあるそうです。ノックして「どうぞ」と言われてから入室してください）。

試験官は2人で，1人が不動産登記法についての出題担当，もう1人が

商業登記法，司法書士法についての出題担当のようでした。

　基本的に試験官はやさしく，受験生が解答に詰まっているとヒントをくれたりするそうです。また，わからない問題については，そのことを伝えると次の問題に進むそうです。

福ちゃんのワンポイント

早口の人はたくさん聞かれる？

　試験の問題数には上限があるようで，早口で答えると早めに終わりました。相手に伝わる話し方や大きな声を心がけましょう。もし，自信のない方はゆっくり答えることを心がけるとよいでしょう。当たり前のことですが，緊張していると思わぬ失態をさらすことがあります。練習して慣れることも重要です。

50 認定考査

■番外編，認定考査とは

認定考査は略称で，正式には簡裁訴訟代理等能力認定考査です。例年6月頃に法務省が実施する司法書士合格者が受験できる試験です。

この認定を受けると，簡易裁判所において，一部弁護士と同じように当事者の代理人として訴訟に参加することができるようになります。

「認定司法書士」になるまでの受験の流れ，合格のための参考書や勉強法について，あまり情報がないので解説しようと思います。

■試験科目

① 要件事実
② 民事訴訟法
③ 司法書士法，司法書士倫理

②と③は司法書士試験でも勉強しているので，メインは，やはり①の要件事実でしょう。勉強量はそこまで多くないので特別研修が始まったあたりから学習しても充分間に合うかと思います。

■使用教材

教材が司法書士試験のように充実していないので，限られたものになりますが私のおすすめは下記です。

- 加藤新太郎著『要件事実の考え方と実務〔第4版〕』(民事法研究会)
- 坂本龍治著・伊藤塾監修『要件事実ドリル』(弘文堂)
- 小山弘著『第2版 ながめてわかる!認定考査対策と要件事実の基礎 司法書士特別研修』(日本加除出版)

勉強方法

　基本的には特に予備校には通わなくても，合格はできるかと思います。

　基本的には特別研修の内容をしっかりと確認しておくことと，①の『要件事実の考え方と実務』を読みこみ，②の『要件事実ドリル』を解く（1〜3回），③の『ながめてわかる！　認定考査対策と要件事実の基礎』を2〜3回ほど回すことかと思います。認定考査は，司法書士試験と比べ，対策の情報が少なく，予備校の講座も少ないので勉強方法を探すのも一苦労します。

特別研修について

　受講時間や研修会場が日によって異なる場合があるので注意が必要です。遅刻しないか，2月なので体調を崩さないか心配でした。

　集合研修では，民事訴訟法などのDVD講義等を受講して必要な知識を習得します。グループ研修は，司法書士の担当講師から　事例についての課題を出されグループワークを行います。他には以下がありました。

ゼミナール，司法書士倫理，代理権の範囲	要件事実の意味（抗弁事実・再抗弁事実・請求原因事実など）や攻撃防御の基礎構造（主張，立証）などを学習します。講師は弁護士のため，1つでも多く抗弁を記載し見てもらうように意識していました。
裁判の傍聴	実際に裁判の傍聴をし，尋問の流れなどを学びます。担当は司法書士でした。

模擬裁判	弁護士を講師とし，実際に今まで学んだことを実践で出すようにします。この際，原告・被告・裁判官と受講者で分かれそれぞれの立場から民事訴訟の流れなどを学びました。

　日程は，例年1月上旬から3月下旬の約1カ月間です。土〜月曜日の間にありますが，裁判所の傍聴に関しては開庁の関係から平日の午後でした。受講時の研修費用は145,000円ですが，他に交通費などもかかりました。

福ちゃんのワンポイント

1回で合格しよう！

　認定考査は，モチベーションや業務をはじめ勉強時間確保が難しくなる等の理由からなのか，1回不合格になると2回目以降はなかなか合格しにくい試験と言われています。1回で合格しましょう！

第 8 章

未来像が
モチベーションを高める

司法書士は稼げる

■司法書士は食えるか

　「司法書士は食えない資格だ」という人がいます。受験生からもよく聞かれます。正直，どの資格でも言われることです。しかし，食えない資格だと思ったら，モチベーションが下がります。合格までには大変な時間と努力が必要なのに，費用対効果がないとわかったら，続けられません。

　この点についてお話したいと思います。

　結論から先になりますが，私の周囲を見渡しても，司法書士に合格して食っていけていない人はいないです。

　日本司法書士会が作成している司法書士白書を見ると，平成29年所得調査のグラフでは，400万円～500万円（6人）と1,000～2,000万円（6人）の棒が突出しています。調査人数も41人と少ないので，データのみでは言い切れませんが，前者は勤務司法書士，後者は開業司法書士でしょうか。基本的には食える，そして稼げる，と思ってよいでしょう。

■開業率・廃業率

　開業率についても，高いと思います。勤務司法書士から開業する人もいますし，地方では合格後すぐ開業する人もいます。独占業務がありますし，パソコンなど最低限があれば，最初のオフィスは自宅でもよいので，開業しやすいと言えるでしょう。

　また，廃業率はとても低いと言われています。

AI技術の進歩・コロナ後の司法書士

■AIで司法書士業務がなくなるか

司法書士は，一部でささやかれているようなネガティブな業界ではないと思います。

「オンライン申請ができるようになったので，司法書士の仕事はなくなるのではないか？」と言う人もいますが，とんでもないです。

オンライン申請は電子証明書等のいわゆる下準備が大変で，普段登記手続と関わらない人が，一生のうち数えるほどしか行わない登記のために勉強して準備するのは無謀です。まともな人や会社であれば，司法書士に依頼する流れは変わらないでしょう。

■コロナによる経済不況と司法書士

新型コロナウイルス感染症の拡大防止のための自粛や，その後の新しい生活により，経済不況が押し寄せています。では，司法書士業務への影響はどうでしょうか。もちろん，不景気の影響を受ける業務もありますが，債務整理手続の相談や補助金申請に添付する謄本（履歴事項証明書）の情報は変更されていないので変更登記をして欲しいなどの依頼はひっきりなしに来ます。

また，相続業務などはあまり景気に左右されません。

司法書士の業務は幅広いので，柔軟に動けば，環境の変化に対応していけるでしょう。

ハンコレス化の影響も！

　コロナ禍でテレワークが多くの企業で導入され，「ハンコを押すために出社する」是非が話題になりました。

　商業登記の一部の業務についてはハンコではなく電子署名という方法で申請ができるものを検討したり，会社設立登記に必要な定款認証手続も管轄公証役場とテレビ電話システムで手続を行えるようになったりと変化しています。司法書士にとってもより便利になってきます。

⓪③ 独立後の１日をシミュレーション

■司法書士の使命と業務

司法書士法では，司法書士の使命について以下のように定めています。

> 第１条　司法書士は，この法律の定めるところによりその業務とする登記，
>   供託，訴訟その他の法律事務の専門家として，国民の権利を擁護し，も
>   つて自由かつ公正な社会の形成に寄与することを使命とする。

他人の依頼を受けて行うことのできる司法書士の業務は，多岐にわたります。その内容は，司法書士法３条や司法書士法施行規則31条に規定されていますが，およそ下記のようになります。

> ①　登記又は供託手続の代理
> ②　（地方）法務局に提出する書類の作成
> ③　（地方）法務局長に対する登記，供託の審査請求手続の代理
> ④　裁判所または検察庁に提出する書類の作成，（地方）法務局に対する
>   筆界特定手続書類の作成
> ⑤　上記①～④に関する相談
> ⑥　法務大臣の認定を受けた司法書士については，簡易裁判所における訴
>   額140万円以下の訴訟，民事調停，仲裁事件，裁判外和解等の代理及
>   びこれらに関する相談

■司法書士の実務シミュレーション

司法書士の実務のイメージを作るのは大切です。勉強したことが役立つことがおわかりになると思います。独立後のことについて，少しシミュレー

ションしてみましょう。

　開業したところ，ある日高齢の男性のお客さんがやってきたとします。

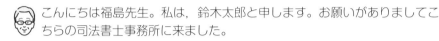
こんにちは福島先生。私は，鈴木太郎と申します。お願いがありましてこちらの司法書士事務所に来ました。

こんにちは，司法書士の福島です。どういったご用件でしょうか。

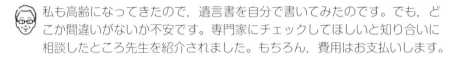
私も高齢になってきたので，遺言書を自分で書いてみたのです。でも，どこか間違いがないか不安です。専門家にチェックしてほしいと知り合いに相談したところ先生を紹介されました。もちろん，費用はお支払いします。

わかりました。遺言書を見せてくださいね。

　お持ちになった遺言書は下記のとおりです。文面はWordファイルにて作成された，自筆証書遺言でした。これに対して司法書士はどのようにアドバイスすればいいでしょうか。

鈴木さん，自筆証書遺言は，原則　全文自署（手書き）でしなければ無効なのですよ。

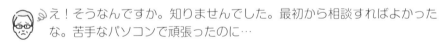
え！そうなんですか。知りませんでした。最初から相談すればよかったな。苦手なパソコンで頑張ったのに…

大丈夫です。一緒に見ていきましょう。

自筆証書遺言

遺言者 鈴木太郎は，次のとおり遺言する。

1　遺言者　鈴木太郎　は，妻鈴木花子に次の財産を相続させる。

　　①　自宅の土地

2　遺言者　鈴木太郎は，長男鈴木次郎に次の財産を与える。

　　①　私の保有している株式

3　遺言者　鈴木太郎は，孫である鈴木三郎に次の財産を相続させる。

　　③　銀行にある預貯金全て

令和2年11月吉日

遺言者氏名　　鈴木太郎
　　　　　　　鈴木花子

 まず，1の①ですが，不動産の所在地を具体的に記載する必要があります。2の①の私の保有している株式についても具体的な銘柄も記載するべきでしょう。

 なるほど，不動産の所在地と株式の銘柄ですね。

 あと，預貯金全てをお孫さんの三郎さんに相続するとありますが，お孫さんは法定相続人ではありません。贈与税などがかかるかもしれませんので，税理士さんに確認したほうがベターでしょう。また，預貯金についても，銀行口座名を記載してください。

そうですか，孫は法定相続人ではないのですね。

 また，鈴木さんが失念している財産もあるかもしれません。そのような場合に誰に相続させるかお考えですか。

 孫にあげたいですね。

 でしたら，「その他の財産は鈴木三郎に全て相続させる」と記載しておくと新たな財産が発覚したときに対処しやすいです。あと，「吉日」とありますが，これはダメなんです。吉日では日付の特定ができないので無効となってしまう可能性があります。

 ええ！無効！？

 あと，遺言者に奥様の「鈴木花子」さんも入れられていますね。これも共同遺言といって無効なんです。

 そうでしたか……ありがとうございました。最初から先生にご相談すればよかったです！　これからよろしくお願いします。

司法書士の１日のシミュレーション

ある日の司法書士事務所の動きです。

> ## 🕐 ある１日の動き
>
> | 8:30 | 出勤
（メールをチェックし，この日の外出の準備と予定の確認） |
> | --- | --- |
> | 9:30 | 不動産決済立会
（金融機関で，不動産売買における立会業務。予定の時刻よりも30分以上は早めに着くようにしています。） |
>
> この現場で売主，買主から所有権移転登記に必要な書類を預

かり，問題ないかの確認をし手続を行います。

このときに登記義務者の住所は印鑑証明書と間違いないか，など，慎重に確認します。

不動産の売買は高額でご依頼者とって一生に一度といっていいほどのことなので，資格者として責任を持って書類をお預かりします。

10:00　事務所に戻り書類作成と申請

（決済現場で預かってきた書類を作成し，申請をします。また，融資した金融機関に間違いなく抵当権設定の登記を申請したことを伝えるため，登記申請受領書（法務局が受付したことを証明する書類）をFAXします。）

12:00　昼食休憩

（事務所近くの飲食店で昼食。仲のよい税理士の先生や社労士の先生と行き情報交換をすることが多く，ここで業務の話をいただくことも。）

事務所周辺にも，たくさんお店があるので，平日迷わないように休日の間にどこに行くのかを決めています。

隣接士業の先生と情報交換することで税金や助成金などの勉強にもなります。

13:00　法務局や市役所回り

（事務所から近いので法務局にて書類の回収をしたり，市役所で必要な減税証明書を取得したりします。この日は，行政書士業務ですが農地法の許可申請があったので農業委員会に一緒に提出しました。）

司法書士業務は外を回り必要な書類を収集することが多く遠方に行くこともあるので，ドライブ気分を味わえます。

142

15:30 新規案件のご相談
（事務所に戻り，相続手続の依頼を受け付けます。）

> 相続に関しては現行法だけではなく，旧法についても把握していなくてはいけないので，気をつけるところが盛りだくさんです。

17:00 書類作成や調べもの
（次の日の申請書類を作成したり，ご質問いただいた件で即答できなかったものについて調べたりします。）

> 試験範囲にはないようなご相談も多いので資格者となったあとも常に勉強です。
> 常に自分を研鑽し続けていくことが楽しく感じます。

19:00 退社
この日やらなければならないことが終わったら退社します。

> この日は，仲のよい社労士の先生と飲みに行きました。ここで仕事の話をいただくこともあります。

🎙️📻 福ちゃんのワンポイント

仕事はご縁が大事

　司法書士の仕事は普段から様々な人と関わります。どの仕事にも言えることだと思いますが，大切なご縁に感謝して仕事をしています。

不動産登記業務とその将来性

■不動産登記業務とは

　不動産登記法でも記載した通り，不動産の所有者を変更したり，住宅ローンを組んだ時に，自宅に銀行の抵当権を設定したりする業務です。

　不動産の売買，建物の新築，相続による場合などがあります。

■不動産の売買と不動産登記

　土地を購入すれば，売主から買主に所有権が移転します。そこで，登記名義も買主に変更します。

　通常の不動産売買契約には，「売買代金すべてを支払ったときに所有権が買主に移転する」という特約がついています。つまり代金の決済と同時に不動産の引き渡しおよび登記名義を買主に変更していくことになります。

　もしお金を払ったのに，書類に不備があり登記が買主名義に変更できないとなると買主は大損失です。そのため，お金を支払う前に，確実に登記ができるのかを司法書士が確認します。

　これがいわゆる決済業務です。

　売り物である不動産に抵当権などが設定されている場合には，同時に抵当権抹消手続も行います。売主の抵当権付きの不動産（例えば，住宅ローンを組んでいた住宅を売却のする場合等）を買主がローンを組んで購入する場合には以下の流れで手続をします。

　①抵当権抹消登記　➡　②所有権移転登記　➡　③抵当権設定登記（住宅ローン）

■建物の新築と登記

　更地の土地を購入し，自宅を建築する場合には，住宅ローンを組むことも多いです。この場合には，以下のような手続が必要です。

┌───┐
│ ①建物表題登記（土地家屋調査士業務）　➡　②所有権保存登記　➡　③抵 │
│ 当権設定登記（住宅ローン）   │
└───┘

　新築すると新居に住所を変更しますので，所有権登記名義人住所変更登記や抵当権変更（債務者の住所変更登記）などもあります。

■相続による所有権移転登記

　不動産の所有者が亡くなると相続人に所有者が変わり，所有権移転登記が必要です。住宅ローンの団信がある場合には，抵当権抹消登記もします。
　遺言書のない場合，相続による所有権移転登記は，原則として法律で定められた相続分（法定相続分）の割合でします。ただし，相続人全員で遺産分割協議を行えば，法定相続分とは異なる割合でします。
　遺産分割協議は相続人全員で行います。もし疎遠になっているなど相続人全員で行うことが難しいのであれば，あらかじめ遺言書を作成しておくことを検討します。
　相続業務は，ホームページやセミナーなどを通じて依頼されることが
　多く，この点が決済業務や新築による不動産登記などと異なります。

🏮📻 福ちゃんのワンポイント

書類作成以外にもさまざまな能力が必要

　いろいろと言われたりしていますが，これからも，不動産の売買や建築はなくならないでしょうし，また相続についてもなくなることはないので個人的には不動産登記業務は，これからも残っていくと思います。

　AIが発展してくると登記申請書類が簡単に作成できるようになったら司法書士の業務は少なくなるのではないか？　と言われることがありますが，書類の作成だけに目を向けてのことです。司法書士の業務は書類作成の前にある段取りやスケジューリング，そして実体の判断をすることを含めてのものです。申請書などの書類が作成できるだけでは務まりません。登記申請前の予定日までのスケジュール調整や法的な確認などはAIには代えることはできないと思います。

　ちなみに，登記申請書や登記原因証明情報の作成に関しては，あまり事例のない記載を除いては，申請ソフトの中にデータがあるので，現在でも打ち込むことは容易です。

　また，高額の不動産という資産の名義に関わる業務であり，売主の本人確認や決済事故が起こらないようにするために司法書士はこれからの責任を負う業務でもあるため，このように責任を担う役割であることはこれからも必要とされていくと思います。

商業登記業務とその将来性

商業登記業務は，不動産登記と比べると案件が少ない事務所が多いです。会社設立手続，役員変更手続，解散清算手続，組織再編手続などをします。

会社設立登記

個人事業主が法人成りをして株式会社を設立する場合などに手続を行います。公証役場で定款認証をして，設立登記の申請をします。株式会社以外にも特殊な法人の設立登記もあります。ホームページなどを通じて依頼されることも多いです。

役員変更登記

会社法で学ぶように，株式会社の役員には任期があり，この任期満了時には役員の退任や就任の登記を行います。

また，親から子へ事業を承継したいときに，建設業許可のような許認可手続の関係であらかじめ子を役員に追加する際などにも必要な業務です。

役員が亡くなった場合などは，死亡による退任登記も行わなければならないので，相続業務と同時に行うこともあります。

「役員変更登記は任期満了の時くらいしかないのでは」と聞かれますが，意外に依頼は多いです。

解散清算登記について

設立があれば，解散，清算手続もあります。たとえば，会社の後継者が

おらず，解散清算するケースもあります。

　また，これに限らず，行政書士と連携しながら進める特殊な法人（例えば宗教法人等）の解散清算業務もあります。

■組織再編登記について

　会社の合併や分割手続などです。これら組織再編手続は商業登記の中でも複雑です。その理由はスケジュール管理です。一般的には半年から1年以上前から準備をはじめ，その間で官報公告などの債権者保護手続を行い細かなスケジュールを決めます。最近では，後継者不在の理由などからのM&Aでこのような組織再編手続を行うこともあります。

　事前に準備することも多く，会社法と商業登記法を深く勉強する司法書士だからこそできる業務といえます。

福ちゃんのワンポイント

司法書士は法務コンサルとして

　不動産登記と異なり，商業登記業務は会社自身が単独で手続を行います。手続は簡素化し，商業登記の一部の業務については，司法書士に依頼せずに本人申請が増えるかもしれません。

　しかし，M&Aなどがかかわる組織再編手続などは，専門的な知識が必要です。また，登記までのスケジュール管理も必要で，専門性が高いです。本人申請は難しいでしょう

　また，会社設立登記なども，単に登記を完了させればよいというものでもなく，許認可を取得できる内容になっているのかなどの周辺知識を確認して行わなければなりません。

　言われたことをそのまま書類にするだけではなく，ご依頼者のご要望に沿った内容の手続となるかといった法務コンサルティング業務ができる司法書士へのニーズはこれからもますます高まるでしょう。

裁判所提出書類作成業務とその将来性

　司法書士は，裁判所に提出する書類の作成をします。次のようなものがあげられます。

後見等開始申立書の作成

　高齢で判断能力が不十分になった家族がいる等で後見制度を利用したい場合に申立書の作成等をします。

遺言検認申立書の作成

　公正証書遺言以外の遺言書（自筆証書遺言保管制度を除く）を発見された場合に，家庭裁判所で「検認」という手続が必要です。
　検認とは，家庭裁判所で遺言書の写しをとり保管することで，遺言書の偽造を防止するために行います（検認後に偽造されていれば，家庭裁判所に保管されている遺言書と内容が異なるため）。
　この場合に遺言書の検認の申立書を作成します。

相続放棄申述書

　相続を放棄したい場合には，自己のために相続の開始があったことを知ったときから3カ月以内に，被相続人の住んでいた地域を管轄する家庭裁判所に相続放棄申述書を提出する必要があります。司法書士は，この書類作成等をします。

■失踪宣告の申立書，不在者財産管理人の選任申立書

遺産分割協議（相続人全員の合意が必要）を行うにあたり，相続人の中で生死不明者がいる場合があります。そのような時に，失踪宣告の申立や不在者財産管理人選任の申立を行います。これらの手続が進められれば，遺産分割の手続ができます。

■訴状・答弁書・準備書面等の訴訟関係書類

貸金不払い，家賃回収などや交通事故などの損害賠償を求めるために訴えを起こしたい時や被告として相手から訴えられた時に，司法書士が訴状・答弁書などの書類作成やアドバイスを行います。

■個人再生手続申立書・破産手続申立書など

債務整理を依頼した場合で，任意整理では解決できない場合（長期の分割返済しかできず債権者が和解に応じてくれない場合など）には，破産手続（借金をゼロにする手続）や個人再生手続（借金の一部を減額する手続）などを選択し，解決していくことになります。司法書士は，その際の書類作成およびアドバイスをします。

■支払督促申立書

支払督促は，簡易・迅速かつ低廉な費用によりお金を返してもらいたい時に利用されます。この書類作成をします。

■ 少額訴訟手続書類

少額訴訟は，簡易裁判所において，訴訟の目的の価格が60万円以下の金銭の支払いを請求したい時に，簡便でスピーディーな紛争解決手続として利用されます。

福ちゃんのワンポイント

司法書士の専門性が生きる場面

裁判所提出書類作成業務は，登記と並行して行うものも多いです。登記に関連する手続は，司法書士の専門性が求められ，今後も変わることがないでしょう。

特に所有者不明の土地の登記問題を解決する場面などは，力の生かしどころです。

後見業務とその将来性

■成年後見制度とは

　成年後見制度とは，認知症，知的障害，精神障害などによって物事を判断する能力が十分でない方が，自分に不利な契約を結んだり，自分でできないことによって不利益を被ったりしないようにするものです。

　選ばれた成年後見人等が，本人の不十分な判断能力を補い，損害を被らないよう，財産管理や日常生活において本人を支援します。

　次のような場合に利用されます。

- 高齢者専用の施設入居にあたり，施設側から後見人を付けてほしいと言われた
- アパートを持っており，家賃収入があるので，財産管理を頼みたい
- 相続が開始され遺産分割協議をしたいが，母の認知症が進み，自らの判断で遺産分割協議ができないので，代わりに成年後見人に遺産分割協議を行ってほしい
- 本人に一定以上の財産がある場合，本人が日常生活で使用する分を除いた金銭を信託銀行等に信託し，本人の財産を安全に信託銀行等が管理する（後見支援信託制度：後見人をはじめとする第三者が本人の財産を横領しないように安全な信託銀行に預ける制度）

　上記の後見業務として司法書士が選任されることがあります。後見人に就任したら，期間内に財産目録（成年被後見人の保有している財産の一覧）などを作成し裁判所に定期的に報告をしなければなりません。

152

AI化が難しい後見業務

　後見業務にAIの影響はありますか？　とご質問をいただいたことも
ありましたが，後見業務は，継続的に成年被後見人である本人とその
親族などと接していくため，信頼関係が大切でありAI化には馴染まな
いと思います。

　また，書類作成に関しても現に，司法書士の業務用ソフトもあまり
使用する機会がないくらいですので，個別の事情を記載するような報
告書などを全てAI化することは難しいと思います。

　後見業務は，本人の健康状態，収支状況など様々な事情で方針も変
化していくため，定型的なものではないため今後もAI化することは難
しく将来的にも必要とされる司法書士の業務ではないかと思います。

簡裁訴訟代理業務とその将来性

司法書士は，訴訟物の価額が140万円以下の事件については訴訟代理，それを超える場合は訴状等の裁判書類作成業務を行うことができます。

以下のような事案の交渉や簡裁訴訟代理業務を行います。

■任意整理（債務整理の交渉）

債務者の代わりに司法書士が債権者と交渉し，支払いが可能な金額の分割返済等のご依頼者の意向に沿った案で和解をします。

また，利息制限法違反の金利の業者に対しては，過払い金（払い過ぎた利息）の返還を請求することもできます。

 福ちゃんのワンポイント

AIが法廷に立てるか？

こちらもAIの影響を気にするご意見を伺いますが，簡裁訴訟代理業務は，ご依頼者との綿密な打ち合わせなど人間性の高いものであり，定型的な書類の作成などと異なり，実際に問答する法廷での対応に関しては，もはや人間と同じように歩行し会話のできるロボットでない限り行うことはできません。

そもそも，このようなロボットが生まれたのであれば，簡裁訴訟代理業務どころか司法書士をはじめとする様々な仕事が代替されてしまいますから現段階で気にすることではないでしょう。

お わ り に

　司法書士試験は，正しい勉強方法で努力した人が合格する試験です。合格者の多くがそのように言いますが，真実だと思います。

　努力せずにラクに受かった，という人は見たことがありません。また，誤った方法で勉強している人は，いつまでたっても合格しません。そういう方は，どんどん知識とプライドが積み重なり，講師側の助言も受け入れられない状況になっていることもあります。

　本書は，正しい勉強方法について明らかにしたいという思いで書きました。とはいえ，私の方法はあくまでも１例です。これが，皆さんにとってベストだとは考えていません。

　「こんな方法ダメだ！　ありえない！」と否定されても全然構いません。ただ，一旦素直になって，あくまでも参考程度で結構ですので，受け入れてみてください。そのうえで，ベストでオリジナルな方法を編み出していかれるとよいでしょう。そのための試金石としての本です。

　最後になりますが，司法書士は本当に魅力的で楽しい仕事ができる資格です。

　この本を読まれている皆さんも様々な動機で目指されていると思いますが，その皆さんの想いにしっかりと答えることができる資格だと思います。

　この本が１人でも多くの方の参考になり，そして１人でも多くの方が司法書士試験に合格されることを祈ります。

【著者紹介】

福島　崇弘 （三重県津市出身）

　名古屋経済大学卒業後，司法書士受験を思い立ち，その後，朝から深夜まで仕事をしながらも勉強を続け，2012年司法書士試験に合格。

　現在は，司法書士，行政書士，名古屋経済大学法学部非常勤講師，LEC東京リーガルマインド講師として活動し，毎月第3月曜日に放送中の自身のラジオ番組を持ち，MIDFMラジオパーソナリティーをはじめとする様々なメディアに出演し活動している。

司法書士試験　社会人の時短合格術50

2021年4月25日　第1版第1刷発行

著　者　福　島　崇　弘
発行者　山　本　　　継
発行所　㈱中　央　経　済　社
発売元　㈱中央経済グループ
　　　　　パ ブ リ ッ シ ン グ

〒101-0051　東京都千代田区神田神保町1-31-2
電話　03 (3293) 3371 (編集代表)
03 (3293) 3381 (営業代表)
https://www.chuokeizai.co.jp
印刷／文唱堂印刷㈱
製本／㈲井上製本所

© 2021
Printed in Japan

*頁の「欠落」や「順序違い」などがありましたらお取り替えいたしますので発売元までご送付ください。（送料小社負担）
ISBN978-4-502-37711-2　C2032

令和3年3月施行の改正会社法・法務省令がわかる！

「会社法」法令集〈第十三版〉

中央経済社 編　ISBN：978-4-502-38661-9
A5判・748頁　定価3,520円（税込）

- ◆重要条文ミニ解説
- ◆会社法―省令対応表 ┃ 付き
- ◆改正箇所表示

　令和元法律第70号による5年ぶりの大きな会社法改正をはじめ、令和2年法務省令第52号による会社法施行規則および会社計算規則の改正を収録した、令和3年3月1日現在の最新内容。改正による条文の変更箇所に色づけをしており、どの条文がどう変わったか、追加や削除された条文は何かなど、一目でわかります！
　好評の「ミニ解説」も、法令改正を踏まえ加筆・見直しを行いました。

本書の特徴

◆会社法関連法規を完全収録
　平成17年7月に公布された「会社法」から同18年2月に公布された3本の法務省令等，会社法に関連するすべての重要な法令を完全収録したものです。

◆好評の「ミニ解説」さらに充実！
　重要条文のポイントを簡潔にまとめたミニ解説を大幅に加筆。改正内容を端的に理解することができます！

◆改正箇所が一目瞭然！
　令和3年3月1日施行の改正箇所とそれ以降に施行される改正箇所で表記方法に変化をつけ、どの条文が、いつ、どう変わった（変わる）のかわかります！

◆引用条文の見出しを表示
　会社法条文中、引用されている条文番号の下に、その条文の見出し（ない場合は適宜工夫）を色刷りで明記しました。条文の相互関係がすぐわかり、理解を助けます。

◆政省令探しは簡単！ 条文中に番号を明記
　法律条文の該当箇所に，政省令（略称＝目次参照）の条文番号を色刷りで表示しました。意外に手間取る政省令探しも素早く行えます。

中央経済社